www.tredition.de

Claude Mannewitz

Vom
stillen und klaren Geist

Begleitbuch zu Achtsamkeit und Meditation

www.tredition.de

© 2019 Claude Mannewitz
Umschlaggestaltung: Claude Mannewitz
Umschlagfoto: David Beecroft
Abbildung S. 88: Claude Mannewitz
Portrait: fotostudio-neukölln.de
Lektorat: Helen Bauerfeind

Verlag & Druck: tredition GmbH, Halenreie 40-44, 22359 Hamburg

ISBN
Paperback   978-3-7497-5473-1
Hardcover   978-3-7497-5474-8
e-Book   978-3-7497-5475-5

Inhalt

Vorwort von Renate Seifarth

Die Praxis der Achtsamkeit kann Ihr Leben verändern. Sie ist ein direkter Weg, um mehr Ruhe, Freude und Klarheit in Ihrem alltäglichen Erleben zu finden, selbst in schwierigen Zeiten. Ursprünglich Teil buddhistischer Praxis und Meditation, wurde die Wirkung von Achtsamkeit vielfach von der westlichen Wissenschaft bestätigt. Säkulare Programme wie MBSR und MBCT, die im medizinischen Kontext eingesetzt werden, vermitteln die Praxis der Achtsamkeit frei von religiösen Inhalten.

Hier finden Sie einen fundierten Leitfaden, um eine solche Achtsamkeit zu entwickeln. Claude Mannewitz setzt sich bereits seit über 30 Jahren mit Meditation und der Entwicklung von Achtsamkeit auseinander. Er erklärt nicht nur, um was es dabei genau geht, er zeigt gleichzeitig wichtige Fallstricke und Fragen auf, mit denen sich viele Praktizierende im Laufe der Entwicklung von Achtsamkeit konfrontiert sehen.

Ursprünglich Physiker, später als Gymnasiallehrer tätig, ist er seit einigen Jahren als MBSR-Achtsamkeitslehrer aktiv. Dementsprechend spürbar ist ein naturwissenschaftlicher Ansatz, der vor allem dort sichtbar wird, wo der Autor über die Achtsamkeit hinausgeht und die Einsichten diskutiert, die in der buddhistischen Lehre eine zentrale Stellung einnehmen und durch Achtsamkeit möglich werden. Wie ein Forscher seziert er einzelne Elemente und überprüft sie auf ihre Wirkung und Stimmigkeit. Er befreit sie von ihrem religiösen Geschmack und macht sie dadurch jedem zugänglich.

Insofern führt dieses Buch über die reine Beschäftigung mit Achtsamkeit hinaus. Dabei verzichtet der Autor auf psychologisierende Abschweifungen. Detailliert schöpft er aus seinem reichen Erfahrungsschatz und seinem präzisen Wissen um die Wirkweise von Meditation und Achtsamkeit. Allen, die ihr Wissen und ihre Praxis vertiefen möchten, kann ich dieses Buch wärmstens empfehlen.

Renate Seifarth, Sexau, Mai 2019

Vorwort

Die vorliegenden Texte entstanden als Grundlage für einen Vertiefungskurs zum Thema „Achtsamkeit und Meditation".

Sie wenden sich an Menschen, die nach Gelassenheit und Geistesruhe streben und gleichzeitig einen klaren Blick auf das Leben werfen wollen. Dahinter mag das Bedürfnis nach Überwindung von schwierigen Lebensumständen stehen oder einfach das Interesse an der Erforschung der Wunder des Geistes. Manche haben einen Achtsamkeits-Kurs (z. B. MBSR[1]) durchlaufen und suchen nach einer Etablierung der Praxis, andere sind auf der Suche nach einem weiterführenden Weg, den man vielleicht als spirituell bezeichnen könnte.

Die Texte werden hier in loser Reihenfolge zu einer Sammlung zusammengefasst, beginnend mit grundlegenden Themen und am Ende mit Ausführungen, die über die Ziele der reinen Stressbewältigung hinausgehen. Die Kapitel können weitgehend unabhängig voneinander gelesen werden.

Die Ausführungen sind als begleitende Hilfestellung und Anregung für die Praxis zu verstehen. Sie sollen zu einem besseren Verständnis der Zusammenhänge zwischen Übung und Alltag beitragen und verdeutlichen, warum und mit welchem Ziel die jeweiligen Methoden angewendet werden und welche Fallstricke auftreten können. Dabei habe ich mich um eine Präzisierung der Begriffe

---

[1] MBSR - Mindfulness Based Stress Reduction (Jon Kabat-Zinn)

bemüht, aber nicht im Sinne einer wissenschaftlichen Systematik, sondern immer im Hinblick auf die praktische Übung.

Die Achtsamkeits- und Meditationspraxis hat eine zutiefst rationale Basis. Deswegen werden deutliche Grenzen zu unkritischer Verherrlichung und esoterischen Vereinnahmungen gezogen, auch der Unterschied zu therapeutischen Zielsetzungen wird erhellt. Vereinzelt wird auf Ergebnisse der zahlreichen Forschungen im Rahmen der Neurowissenschaften und der Philosophie des Geistes eingegangen. Insofern sind die Texte sowohl aus der Innenperspektive des Praktizierenden als auch aus der Außenperspektive des kritisch Hinterfragenden geschrieben.

Obwohl die Übungspraxis in ihrem Kern auf den Buddhismus zurückgeht, ist sie universell und an keine Religion gebunden. Sie kann ohne religiöse Dogmen und Terminologien vermittelt werden. Dieser säkulare Ansatz liegt all meinen Ausführungen zugrunde.

Claude Mannewitz, Berlin, Mai 2019

Einleitung

Wozu Achtsamkeit?

Sich mit Achtsamkeit zu befassen, scheint auf den ersten Blick ein unnötiges Unterfangen zu sein: Sind wir denn nicht aufmerksam genug, um das Leben zu erfahren? Was ist eigentlich mit Achtsamkeit gemeint? Welchen Nutzen kann es bringen, sich um Achtsamkeit zu bemühen?

Schauen wir uns den Tagesablauf eines Menschen an, um die Bedeutung von Achtsamkeit zu erforschen ....

Am Morgen

Nach dem Frühstück merkt er, dass er es eigentlich verpasst hat – er hat den Kaffeeduft nicht wirklich wahrgenommen, das Knäckebrot nicht knacken gehört und seine Zunge hat die Butter nicht wirklich gekostet. *Achtsamkeit* schenkt Genuss und die Wertschätzung der kleinen Dinge.

Im Treppenhaus nervt ihn eine flotte Bemerkung der Nachbarin. Er reagiert gereizt und aggressiv, was er später bereut. *Achtsamkeit* erkennt die Lücke zwischen Reiz und Reaktion und schafft so den Raum, sich für eine sinnvolle Reaktion zu entscheiden.

Ein Schmerz in der Schulter erfüllt ihn mit Ärger und ihm fällt auf, dass der Schmerz ihn schon seit Tagen quält, ohne dass er ihn richtig wahrgenommen hätte. *Achtsamkeit* verfeinert die Wahrnehmung des eigenen Körpers und fördert ein inniges und fürsorgliches Verhältnis zu ihm.

Am Arbeitsplatz

An der Arbeitsstelle angekommen fällt es ihm schwer, sich auf seine Tätigkeit zu konzentrieren, er fühlt sich fahrig und nervös. *Achtsamkeit* hilft, sich auf eine Tätigkeit zu fokussieren. Zufriedenheit und Ausgeglichenheit sind die Folge.

In der Kaffeepause zieht er sich zurück, um zu entspannen, aber in seinem Kopf schwirren die Gedankenfetzen umher und lassen keine Erholung zu. *Achtsamkeit* ermöglicht, die Aufmerksamkeit zu steuern, und kann somit tiefe Entspannung und Regeneration vermitteln.

Nach der Pause erdrückt ihn der Gedanke an sein Arbeitspensum. Schweißausbrüche und gehetzte Bewegungen zeigen allen: Er ist im Stress! *Achtsamkeit* öffnet das Gewahrsein für die Signale des Körpers und ermöglicht so, auch in belastenden Momenten eine ruhige und entspannte Haltung einzunehmen. Um dann entscheiden zu können, was wirklich wichtig ist und was nicht.

Bald hat ihn die vertraute Versagensangst fest im Griff und quält ihn mit dem Gefühl, nicht gut genug zu sein. *Achtsamkeit* macht eigene Gedankenstrukturen und wiederkehrende Bewertungsmuster transparent. An ihre Stelle treten eine realistischere Einschätzung und eine wohlwollendere Haltung sich selbst gegenüber.

Menschliche Kontakte

Die hysterische Art eines Kollegen erfüllt ihn mit heimlicher Aversion und Missgunst. *Achtsamkeit* hilft, die eigenen Emotionen zu erkennen und so auch die Gefühle von anderen zu verstehen. Sie schafft die Basis für Einfühlsamkeit und Empathie.

Der Anruf eines Freundes konfrontiert ihn mit dessen Leiden. Er kann sich jedoch kaum auf dessen Sorgen einstellen und liest gleichzeitig E-Mails. *Achtsamkeit* erzeugt Wachheit und Präsenz im Umgang mit anderen Menschen.

Inzwischen versucht er zu entscheiden, ob er zu seiner Freundin ziehen will, aber die widerstreitenden Motive in seinem Geist verwirren und lähmen ihn. *Achtsamkeit* hilft, die eigenen Gefühle und Motive zu durchschauen. So können Entscheidungen auf einer klaren Basis getroffen werden.

Am Ende des Tages

Auf der Heimfahrt muss er lange auf die Bahn warten. Er verliert sich in Tagträumen und starrt auf sinnlose Werbesequenzen auf einem Bildschirm. *Achtsamkeit* kann das Glück des einfachen Daseins vermitteln. Warten ohne die Lücke füllen zu müssen. Atmen und Staunen.

Zu Hause überfällt ihn das Bedürfnis, massenweise Süßigkeiten zu verschlingen. *Achtsamkeit* erkennt derlei Gelüste sofort und erzeugt eine Zäsur, in der eine echte Entscheidung gefällt werden kann. Sie kann zum Verzicht führen und damit zum Abenteuer, dem Verlangen unerschrocken in die Augen zu sehen. Oder zum genussvollen Vertilgen von Schokoladenlakritz.

Der Anblick eines noch ungeöffneten Briefes von seinem Arzt löst tiefe Angst in ihm aus. *Achtsamkeit* ermöglicht einen Perspektivwechsel von dem Gefangensein in einem Gefühl zu dem stillen Gewahrsein des Gefühls als einer flüchtigen und naturbedingten Erscheinung.

Beim Verfassen einer sehr persönlichen Nachricht versagt ihm die Kreativität ihren Dienst und er sucht vergeblich nach passenden Worten. *Achtsamkeit* taucht in die Stille des Geistes ein und öffnet die Wahrnehmung für aus dem Unbewussten aufsteigende Intuition.

Abends überkommt ihn ein Gefühl von Sinnlosigkeit und Trauer. *Achtsamkeit* führt zu tiefer Einsicht in die Natur der Dinge, ihre Verwobenheit und Vergänglichkeit, aber auch in die Schönheit und Einzigartigkeit des Lebens. Diese Einsicht geht über das rationale Verständnis der Dinge hinaus, greift tief in unseren emotionalen Haushalt ein und verändert grundlegend unsere Einstellung zu den eigenen Erfahrungen.

Motive

Die Tatsache, dass der Geist durch Übung lernen kann, ist der zentrale Ausgangspunkt dieses Weges. Er lernt durch Wiederholung – nicht nur von Vokabeln oder Tonleitern, sondern auch von Einstellungen und Gefühlen.

Aber vor allem: Er kann lernen, zu tiefer Ruhe zu kommen und mit entspannter Wachheit die Welt zu erleben. Stille und Klarheit des Geistes, das ist die Basis für menschliche Entwicklung, für kluge Entscheidungen, für Erholung und Empathie und für den weisen Umgang mit den eigenen Impulsen.

Dabei muss der Geist die Hürde überwinden, schon einiges zuvor gelernt zu haben – nämlich Gedankenmuster und Handlungen, die sich negativ auf unsere Verfassung auswirken. Denn mit jedem Gedanken und jeder Bewertung etablieren wir eine Gewohnheit – das gilt sowohl für die nützlichen und heilsamen Gedanken als auch für die schädlichen. Achtsamkeit erkennt diese Denk- und Handlungsmuster, ermöglicht ein Innehalten und darauf aufbauend das Beschreiten neuer Wege.

Sich mit Achtsamkeit und Meditation zu befassen, kann auf verschiedensten Motiven beruhen. Manche Menschen suchen nach Hilfsmitteln, die ihnen den Weg aus tiefem Leiden weisen können – gerade dann, wenn im äußeren Umfeld keine Erlösung zu erwarten ist und die Hilfe nur aus dem eigenen Inneren kommen kann. Für andere ist es eine prophylaktische Maßnahme, den Geist zu schulen, um auf unerwartete Anforderungen angemessen reagieren zu können.

Auch kann Interesse am Erforschen des Geistes den Antrieb liefern, unser Erleben tiefgründig verstehen zu wollen. Achtsamkeit liefert Erkenntnis, indem sie in die Welt der Wahrnehmungen eintaucht und den Geist unvoreingenommen erforscht. Um dann mit dieser Erkenntnis mitten im Leben zu stehen und dennoch nicht umgehauen zu werden von seiner Wucht!

Achtsamkeit greift an der Basis unseres Erlebens an. Sie wirkt unspezifisch. Die Voraussetzungen für Gesundheit mögen durch sie gestärkt werden, aber eine Heilung bei Erkrankungen sollte man nicht erwarten, auch wenn sie zuweilen eintreten kann. Dies steht im Gegensatz zu den gezielten Methoden von Medizin und Psychotherapie, die auf spezielle Krankheiten einwirken. Auch sollte man das Erringen von magischen oder parapsychischen Fähigkeiten nicht erwarten, es wäre mit der Zielsetzung von Achtsamkeit nicht vereinbar.

Ein häufiges Missverständnis besteht darin, dass mit Meditation und Achtsamkeit nur angenehme Erfahrungen einhergehen: Man muss nur richtig praktizieren, dann wird alles genussvoll und friedlich! Diese Herangehensweise übersieht, dass wir mit der Achtsamkeit auch die dunklen und unangenehmen Seiten unseres Erlebens beleuchten, dass wir nach einer angemessenen Einstellung zu ihnen suchen und Erkenntnisse aus diesem Forschen gewinnen wollen, um sie letztendlich zu überwinden.

Dieses Missverständnis wird vielleicht auch durch das Versprechen des historischen Buddha befördert, dass eine umfassende Befreiung vom Leiden möglich sei. Dabei muss bedacht werden, dass auf dem buddhistischen Weg die Achtsamkeit weit radikaler betrieben wird als in einem Kurs zur Reduktion von Stress. Außerdem treten im buddhistischen Kontext weitere Disziplinen zur

Achtsamkeit hinzu. Eine von ihnen ist das ethische Verhalten. Die Befreiung vom Leiden im buddhistischen Kontext besteht nicht im Erleben von nur angenehmen Erfahrungen sondern in der Befreiung von den Illusionen, die mit dem Gefühl eines Ichs verbunden sind (siehe Kapitel „Spiritualität").

Grundlagen

Was ist Achtsamkeit?

Achtsamkeit ist das bewusste Erleben dessen, was in diesem Moment erfahren wird. Mit dieser Bewusstheit tauchen wir tief in unsere Erfahrungen ein, gewinnen wertvolle Einsichten und können der Welt gelassener und kraftvoller begegnen.

Ursprünglich bedeutete Achtsamkeit im deutschen Sprachgebrauch einfach nur: „Aufpassen!". Aber mit dem Bekanntwerden des Buddhismus im Westen fand ein Ausdruck aus der altindischen Sprache Pali seinen Weg zu uns: „Sati". Mit diesem Wort wird im Buddhismus eine Eigenschaft des Geistes beschrieben, für die es in den westlichen Sprachen keine genaue Entsprechung gibt. Erste Übersetzungen ins Deutsche verwendeten oft die Wörter „Bewusstheit" oder „Geistesgegenwart". Inzwischen haben sich die Begriffe „Gewahrsein" und vor allem „Achtsamkeit" etabliert.

Wie äußert sich Achtsamkeit im Alltag?

Zur Verdeutlichung kann es helfen, sich erst einmal klarzumachen, wie eigentlich das Gegenteil aussehen könnte, nämlich wenn man nicht achtsam ist. Einige Beispiele hierfür sind:

- o sich dem „Autopiloten" zu überlassen – Dinge unbewusst und automatisch zu erledigen und dabei unnötigerweise an etwas anderes zu denken,

- o gefangen zu sein in Gedanken und Vorstellungen, dabei die Bewusstheit für das Denken und damit die Kontrolle verlieren, o   gefangen zu sein in Gefühlen – sich steuern lassen von ihnen, ohne sich ihres Einflusses bewusst zu werden,

o   reflexartiges Reagieren auf innere oder äußere Stimuli.

All diesen Verhaltensweisen ist gemeinsam, dass ihnen die Bewusstheit für die Situation und das Erleben fehlt.

So einfach die obige Definition von Achtsamkeit erscheinen mag, so vielfältig zeigen sich ihre Schattierungen, wenn man Achtsamkeit genauer unter die Lupe nimmt. Es lassen sich dann drei „Begleiter" der Achtsamkeit entdecken, die sie unterstützen und ihren Wirkungsbereich erweitern. Man kann sie auch als einzunehmende Haltungen ansehen, welche die Achtsamkeit zu voller Entfaltung bringen.

1) Freundlichkeit gegenüber allen Erfahrungen

Sie ist hier als eine grundlegende Einstellung zu verstehen, nicht nur als eine Reaktion auf günstige Bedingungen. Sie erweitert unseren Aufmerksamkeitshorizont, indem sie hilft, sich auch gegenüber unangenehmen Erfahrungen zu öffnen. Denn mit einem Filter von Aversion und Ablehnung erfahren wir die Welt verzerrt.

Wenn die Aversion nicht vermeidbar ist, kann sie selbst mit lächelnder Freundlichkeit umgarnt werden – es entsteht gewissermaßen eine Freundlichkeit zweiter Ordnung. Ganz abgesehen davon tut Freundlichkeit uns gut und ebnet dem Glück einen Weg.

2) Weniger Bewertungen

Unser Geist bewertet unaufhörlich die verarbeiteten Sinneseindrücke. Sie werden als gut oder schlecht, schön oder hässlich, nützlich oder gefährlich, wertvoll oder wertlos eingeordnet. Viele dieser Bewertungen sind wichtig und befähigen uns zum Zurechtfinden in der Umwelt. Andere sind überflüssig, anstrengend oder gar schädlich, wie zum Beispiel manches Urteil über einen selbst oder über andere. Sie können unseren Handlungshorizont verengen und geben oft Anlass für unnötige Vorurteile.

Achtsamkeit strebt zum Loslassen der überflüssigen Bewertungen. Damit gehen Leichtigkeit und Unbefangenheit einher. Wo die Bewertungen nicht abgebaut werden können oder sollen, sorgt Achtsamkeit dafür, dass man sich ihrer bewusst wird.

3) Akzeptanz

Nicht alles lässt sich jederzeit akzeptieren, und manches will man auch nicht akzeptieren. Aber zunächst einmal bedeutet Achtsamkeit, die Dinge nicht nur zu sehen, wie sie sind, sondern sie auch erst einmal so zu belassen, wie sie sind – einverstanden zu sein mit der Welt, wie sie nun einmal ist. Dies schenkt Gelassenheit und diesen inneren Frieden, der von den äußeren Umständen unabhängig ist.

Erstaunlicherweise eröffnet sich gerade dadurch ein neuer Handlungsspielraum. Denn auf dieser Akzeptanz aufbauend lässt sich gründlicher und unbefangener erforschen, wie die Dinge zusammenhängen und funktionieren. Und dies ermöglicht Entscheidungen und Tätigkeiten, die weniger durch Aversion als durch Verantwortung und Fürsorge motiviert sind.

Zusammen lassen diese drei Begleiter die Achtsamkeit sich zu voller Blüte entfalten. Sie fügen ihr die Gelassenheit und Offenheit hinzu, die sie von der bloßen Aufmerksamkeit unterscheiden.

Wirkungsbereiche der Achtsamkeit

Es gibt zahlreiche gut dokumentierte Wirkungen der Achtsamkeitspraxis. Eine Möglichkeit, sie ordnend zusammenzufassen, besteht in der Unterscheidung von sechs Bereichen:

1) Das Gedankenkarussell (Aufmerksamkeitslenkung)

Eine der am häufigsten auftretenden Eigenarten des Geistes besteht darin, sich in Gedankenschleifen einzugraben. Ein Gedanke erzeugt den nächsten, der wieder den übernächsten, und nach kurzer Zeit ist man wieder beim ersten Gedanken angelangt. Meist sind es Gedanken mit negativem Beigeschmack. Und ohne produktives Ergebnis. Und mit jedem Ritt auf diesem Karussell gräbt sich diese Spur tiefer im Gehirn ein, sodass der Geist immer leichter dieser Verlockung verfällt.

Je früher die Achtsamkeit diesem Teufelskreis auf die Schliche kommt, desto besser. Am besten ist es, wenn die Achtsamkeit schon bei den ersten Gedanken dieser Schleife die rote Warnlampe aufleuchten lässt und man sie so am Durchlaufen hindern kann.

Im nächsten Schritt folgt das kurze Innehalten, in dem untersucht werden kann, ob diese Gedanken nützlich sind. Wenn sie es nicht sind, wird die Entscheidung gefällt, den drohenden Kreislauf zu unterbinden, indem die Aufmerksamkeit in eine andere Richtung gelenkt wird. Es folgt die entschlossene Zuwendung zu diesem neuen Objekt.

Der Wahl des neuen Aufmerksamkeitsobjekts kommt eine wichtige Rolle zu. Denn die soeben geblockten Gedanken haben eine beharrliche Tendenz, sich immer wieder einzumischen. Deswegen ist es günstig, ein oder zwei primäre Anker-Objekte der Aufmerksamkeit zu trainieren, die dem Geist vertraut sind und bei denen er sich einigermaßen stabil fühlt – wie zum Beispiel der Atem.

2) Die Lücke zwischen Reiz und Reaktion (Aufmerksamkeitslenkung)

Wie alle biologischen Wesen sind wir konditioniert, auf einen Reiz mit einer Reaktion zu antworten. Diese Antworten können genetisch programmiert oder erlernt sein. Sie enthalten sowohl nützliche als auch schädliche Antworten.

Nützlich ist etwa der Augenlidreflex bei Blendung des Auges; der Fluchtreflex bei Gefahr kann ebenfalls nützlich sein. Schädliche Reflexe können zum Beispiel das sofortige Essen bei Hungergefühl oder spontane Wutausbrüche bei provokanten Äußerungen sein. Aber auch Gedanken und Gefühle, die nicht gleich zu Aktionen führen, zählen in diesem Sinne zu Reaktionen: negative Gedanken bei Kränkungen oder Schmerzen, Versagensängste bei ungewohnten Anforderungen – und sehr viele mehr.

Diese Reflexe können wir beeinflussen. Dazu muss die Achtsamkeit als Erstes den Reiz so schnell wie möglich erkennen, bevor die Reaktion angelaufen ist. Also wahrnehmen: „Hunger", „Kränkung", „Überforderung" etc. Es folgt das kurze Innehalten, das den Raum eröffnet, um entscheiden zu können: Ist die gewohnte Reaktion sinnvoll? Wenn nicht, wodurch sollte sie ersetzt werden?

Dies kann zu einem kurzen Durchatmen führen, das innerlich beruhigt und zu Distanz verhelfen kann. Es kann auch dazu führen, dass ein Reiz anders bewertet wird, zum Beispiel dass eine

Anforderung mehr als Herausforderung gesehen wird statt als Überforderung.

Achtsamkeit eröffnet somit einen Handlungsspielraum, sich anders als üblich zu entscheiden, Situationen anders zu bewerten, sich selbst anders zu bewerten.

3) Umgang mit starken Emotionen (Emotionsregulierung)

Gefühle können eine ungeheure Macht auf uns ausüben. Ängste, Kränkungen, Eifersucht, Einsamkeit, Schuldgefühle sind manchmal kaum zu ertragen, und sie können uns so sehr in ihren Bann ziehen, dass sie uns zu Handlungen bewegen, die uns und anderen erheblich schaden.

Mit der Achtsamkeit streben wir nicht danach, diese Gefühle loszuwerden. Stattdessen versuchen wir, sie zu erkennen und vollkommen zu akzeptieren. Dabei beziehen wir uns nicht auf ihren Inhalt und die in ihrem Schlepptau entstehenden Gedankenketten, sondern erforschen sie als körperliche und mentale Phänomene. Ebenso wenig befassen wir uns beim Üben der Achtsamkeit mit ihrer Entstehung und ihren Ursachen, sondern begreifen sie als natürliche Erscheinungen des Geistes, die wir dabei beobachten, wie sie gleich den Wolken am Himmel aufziehen und wieder vergehen.

Wir verschieben also unseren Fokus vom Gefangensein in dem Gefühl zu dem Gefühl als Objekt unserer Aufmerksamkeit. Wir können somit die Gefühle intensiv erfahren und sind dennoch ihrem Griff nicht mehr ausgeliefert.

4) Umgang mit Schmerzen

Wie die Forschung der letzten Jahre zeigt, ist ein großer Teil des Leidens am Schmerz auf die Einstellung zu ihm zurückzuführen. Und diese können wir gestalten. Hierbei hilft die Achtsamkeit, indem sie die Gedanken und Vorstellungen, die wir mit dem Schmerz verbinden, erkennt und somit den Weg für eine andere Haltung bahnt.

Besonderes Augenmerk verdient der Widerstand gegen den Schmerz. Als eine natürliche Reaktion ist er gleichzeitig ein Teil des Problems, da er den Schmerz erst groß macht und uns erschöpft. Achtsamkeit hilft, den Widerstand gegen den Schmerz aufzugeben und durch wohlwollende Akzeptanz zu ersetzen.

Eine Möglichkeit besteht darin, dem Schmerz die volle Aufmerksamkeit als körperlichem Phänomen zuzuwenden. Ihm so dicht auf die Pelle rücken, dass er sich in seiner flüchtigen Natur entlarvt. Es kann dann geschehen, dass er nicht mehr als unser Schmerz empfunden wird, sondern als unpersönliche Erscheinung, als Spiel der Natur.

5) Lebensintensität, Präsenz

Ein Großteil unserer Alltagsverrichtungen läuft automatisch ab – Abwaschen, Autofahren, Essen, Gehen etc. Das ermöglicht uns, viele Dinge gleichzeitig zu erledigen und unsere Energien zu schonen – wir laufen unter „Autopilot". Im Übermaß praktiziert sorgt dieser Autopilot aber für Unruhe, Nervosität und mangelnde Konzentration. Wir verpassen die kleinen Wunder des Alltags durch ständiges Abgleiten in Gedanken zu Vergangenheit und Zukunft.

Achtsamkeit lenkt entspannte Aufmerksamkeit auf den gegenwärtigen Moment. Sie sorgt für wohlwollende Akzeptanz des Geschehens und schenkt so Dankbarkeit und Zufriedenheit. Die Dinge werden bewusst erlebt, sie erscheinen in neuem Glanz und bereichern das Leben durch Präsenz und neugewonnene Intensität.

6) Die Stille des Geistes

Wir tragen die Sehnsucht nach Ruhe und Frieden in uns. Aber wenn die Gelegenheit sich ergibt, dass der Geist wirklich zur Ruhe kommen kann, halten wir die Stille nicht aus und suchen nach Zerstreuung. Oder der Geist wird träge und wir schlafen ein.

Mit dem Training der Achtsamkeit lernen wir, in der Ruhe gleichsam wach zu sein. Wir kosten die Stille des Geistes aus, tanken Kraft in ihr und gewinnen Klarheit. Und wir erfahren das Glück der inneren Stille, das unabhängig von äußeren Anlässen ist.

Was ist Meditation?

Achtsamkeitsmeditation, so wie sie hier beschrieben wird, hat nichts mit esoterischen Ritualen oder Trancezuständen zu tun. Es ist eine handfeste Übung zur Vertiefung der Achtsamkeit.

Meistens sprechen wir dann von Meditation, wenn sie als formelle Übung ausgeführt wird. Das bedeutet, sich für diese Zeit aus dem üblichen Tagesablauf auszuklinken und sich von Telefon und anderen Ablenkungen sowie menschlichen Kontakten fernzuhalten. Man könnte es als „waches Nichts-Tun" bezeichnen. Jedenfalls wirkt es so für den außenstehenden Beobachter. Im Inneren sind unsere Wahrnehmungsantennen geschärft, aber wir treten nicht in Aktion.

Unsere Aufmerksamkeit fokussieren wir zu Beginn auf ein Objekt, zum Beispiel den Atem. Aber im Gegensatz zu einem alltäglichen Fokus verbinden wir mit dieser Aufmerksamkeit keinen Zweck: Der Atem soll nicht verändert oder gestaltet werden. Denn die Aufmerksamkeit selbst ist der Zweck der Übung. Sie soll stabil und unerschütterlich und gleichzeitig hellwach sein. Das Objekt der Achtsamkeit, hier der Atem, ist nur ein Hilfsmittel. Das Gewähren-Lassen des Atems, das Nicht-Einmischen, ist ein wesentlicher Teil der Übung.

Diese beiden Pole – das stille Gewähren-Lassen und das scharfe Beobachten – sind die beiden Säulen der Meditation. Diese Verbindung von Stille und Wachheit drückt sich auch in unserer Körperhaltung beim Meditieren aus: Sie ist sowohl entspannt als auch aufrecht.

Bei der Meditation im Sitzen ist es unerheblich, ob wir auf einem Stuhl sitzen, auf einem Bänkchen oder im Lotussitz auf dem Boden. Jede Position, die eine entspannte und wache Aufmerksamkeit ermöglicht, ist geeignet. Meditation kann auch im Liegen oder Stehen ausgeübt werden.

Das Ziel unserer Meditation ist paradox: Wir streben einen Geist an, der frei von einem Ziel ist. Einfach nur wachsam erleben, was in diesem Moment geschieht – in stiller Gelassenheit und wacher Klarheit „da zu sein". Es ist dabei nicht wichtig, was wir erleben. Entscheidend ist, wie wir es erleben.

Das Meditationsobjekt

Der Atem ist ein wunderbares Meditationsobjekt: Er ist immer vorhanden und bringt einen immer zum Jetzt zurück. Seine leichte Bewegung regt die Aufmerksamkeit an. In den meisten Fällen ist er stark genug, um wahrgenommen zu werden, aber auch schwach genug, um eine Herausforderung für die Aufmerksamkeit zu sein. Zudem wird er in der Regel eher neutral bewertet, also weder als besonders angenehm noch als unangenehm. Und man kann mit ihm das Nicht-Einmischen üben, indem man ihn so geschehen lässt, wie er gerade ist.

Selbstverständlich sind auch andere Objekte geeignet, um den Geist zu fokussieren und dem Jetzt zuzuführen: der Körper beispielsweise, besser gesagt: die Körperempfindungen. Dazu kann man sich einige Stellen herauspicken, etwa die Kontaktflächen mit dem Untergrund oder die Hände, und zur Abwechslung immer wieder zwischen beiden Objekten wechseln.

Ein besonders interessantes Meditationsobjekt sind Geräusche. Da man im Normalfall keinen Einfluss auf sie ausüben kann, sind sie gut geeignet, um das Geschehen-Lassen zu üben. Sie sind abwechslungsreich. Vor allem sind sie eine hervorragende Brücke zum Alltagsgeschehen, da sie direkt in den Kontakt zur Umwelt führen.

Allerdings können Geräusche dazu verführen, in Gedankenketten und Vorstellungswelten abzudriften. Deswegen empfiehlt es sich, bei einer „Hörmeditation" nicht den Verursachern der Geräusche anzuhängen, sondern die Geräusche so unmittelbar wie möglich wahrzunehmen, als würde man sie direkt am Ohr „abgreifen". Man nimmt dann „laut" wahr oder „polternd" anstelle von „lautes Auto" oder „polternde Nachbarn".

Im Prinzip kann jede Erscheinung zum Meditationsobjekt werden. Also auch visuelle Objekte, Gerüche, Mantren etc. Sogar Schmerzen. Auch hier ist die Entkoppelung von den einhergehenden Gedanken essenziell, um wirklich ganz an die unmittelbare Schmerzempfindung zu gelangen. Und dann gilt es, sich an die Erscheinung zu heften und zu erforschen: Wie ändert sich der Schmerz (Ausdehnung, Textur, Stärke etc.)? Worin besteht das Unangenehme des Schmerzes?

Sehr günstig ist es, ein Meditationsobjekt zum Anker-Objekt zu entwickeln, mit dem man so vertraut wird, dass der Geist sich ihm von ganz allein immer wieder zuwenden will. Dies ist besonders wichtig, wenn man die Aufmerksamkeit bewusst von unheilsamen Vorstellungen abwenden will. Das Anker-Objekt wird dann zu einem Zufluchtsort für den Geist und verhindert das schnelle Zurückfallen in den Sog der problematischen Gedanken. Man muss allerdings viel und beständig mit diesem Anker-Objekt üben, damit der Geist das notwendige Vertrauen und die Gewohnheit entwickeln kann.

Grundsätzlich ist es auch möglich, ohne Meditationsobjekt zu meditieren. Man richtet den Geist „nach innen", ignoriert die einströmenden Sinneswahrnehmungen und bleibt in einem leeren Wachzustand, einem Da-Sein. Dies kann auch als ein „Hören der Stille" empfunden werden. Diese Übung empfiehlt sich erst bei Erreichen einer recht stabilen Konzentration und zunächst für kurze Etappen.

Zwei Säulen der Meditation

Es gibt viele Empfehlungen, worauf man bei der Meditation achten soll. Oft unterscheiden sich die einzelnen Aspekte nur in der Wortwahl oder in Nuancen, aber manchmal scheinen sie fast Gegensätzliches auszusagen.

Wenn man alle Empfehlungen zusammenfasst und ordnet, bleiben eigentlich nur zwei Aspekte übrig. Diese scheinen widersprüchlich zu sein, ihr Spannungsverhältnis ist geradezu ein Wesensmerkmal für Meditation und Achtsamkeit: das Loslassen und die Wachheit.

Das Loslassen hat einen körperlichen und einen mentalen Anteil. Ersteren bezeichnen wir auch als Entspannung. Den mentalen Anteil des Loslassens können wir mit mehreren Begriffen umschreiben: Gewähren-Lassen, Nicht-Einmischen, Akzeptieren etc. Wir lassen die Erscheinungen und Erlebnisse so, wie sie sind, versuchen sie nicht zu bewerten und hängen ihnen nicht nach.

Wenn das Loslassen gelingt, versiegt die Gedankenflut, wir erfahren das Glück der inneren Stille. Allerdings nur dann, wenn wir auch wach sind, um diese Stille zu bemerken.

Dieser zweite Aspekt, die Wachheit, führt uns zum Erleben des jetzigen Moments. Sie ist charakterisiert durch ein offenes Interesse an den Erfahrungen, die uns unsere Sinne vermitteln.

Körperlich versuchen wir die Wachheit durch eine aufrechte Haltung umzusetzen. Ein gewisser Muskeltonus ist hierfür günstig und verhilft unserem Geist zu Aufmerksamkeit und Geistesgegenwart.

Die beiden Aspekte – Loslassen und Wachheit – scheinen nicht gleichzeitig realisierbar zu sein. Das erkennt man schnell, wenn man die Gelegenheit bekommt, loslassen und entspannen zu dürfen: Der Geist wird träge und dösig, er ist nicht mehr gefordert und sieht die Gelegenheit gekommen, es sich bequem zu machen und wegzudämmern. Keine Rede mehr von Wachheit! Oder er hält die Ruhe nicht aus, sucht nach Zerstreuung und gleitet in Tagesfantasien ab.

Dasselbe gilt für die umgekehrte Aufgabe, wach und aufmerksam zu sein: Sie führt leicht zu Anspannung und Verkrampfung, zum Erreichen- oder Manipulieren-Wollen. Dies ist jedoch mit dem Loslassen nicht vereinbar. Loslassen und Wachheit scheinen also nicht zusammenzupassen.

In der Meditation verbinden wir beide Aspekte – aber nicht als ein Mittelweg im Sinne von „ein bisschen Loslassen und ein bisschen Wachheit", sondern als echte Synthese von höchstmöglichem Loslassen und höchstmöglicher Wachheit. Oder anders ausgedrückt: wir vereinen Geistesstille mit Aufmerksamkeit. Wir erreichen dies, indem wir der Gelassenheit das Interesse an den Erscheinungen hinzufügen.

Auf der körperlichen Ebene verbinden wir dazu Entspannung mit Aufrichtung. Dabei besteht die Herausforderung darin, nur so viel Muskeltonus einzusetzen, wie für die Aufrichtung unbedingt nötig ist. Das kann durch bildliche Vorstellungen unterstützt werden – etwa als innere Aufrichtung, die entlang der Wirbelsäule verläuft und die Peripherie entspannt belässt. Oder wir helfen uns mit dem Bild eines imaginären Fadens, der uns zum Aufrichten sanft am Scheitelpunkt emporzieht und uns ermöglicht, die Aufrichtung zu etablieren ohne überflüssige Anspannungen in den Schultern und im Gesicht.

Auch auf der geistigen Ebene kann die Synthese von Loslassen und Wachheit durch Bilder gefördert werden: ein meditierender Buddha, ein in der Luft kreisender, nach Beute Ausschau haltender Raubvogel, eine aufmerksam lauschende Katze.

Da die Verbindung von Stille und Klarheit den Alltagsgewohnheiten unseres Geistes widerspricht, müssen wir diese Praxis üben, bis der Geist von allein mit der Entspannung in die Stille eintaucht und dabei mit Leichtigkeit die Aufmerksamkeit aufrechterhält.

Die beiden Säulen der Meditation

	Loslassen	**Wachheit**
geistige Ebene	Akzeptieren, Nicht-Bewerten, Stille	Aufmerksamkeit, Interesse, Geistesgegenwart
körperliche Ebene	Entspannung	Aufrichtung

Mit der Synthese von Loslassen und Wachheit erleben wir die seltsamsten Paradoxien. So kann es passieren, dass wir Erscheinungen bestaunen, die wir schon tausendmal erlebt haben, jetzt aber mit kindlichem Blick erforschen, als würden wir sie zum ersten Mal wirklich erleben. Wir sind fasziniert von einer Routinehandlung wie dem simplen Heben eines Arms. Wir erleben die Paradoxie, dass wir durch nichts überrascht werden können, obwohl alles unerwartet für uns ist.

Denn das Loslassen befreit uns von Erwartungen und Voreinstellungen und beschert uns einen unbefangenen Blick, sodass es weder Übereinstimmungen noch Konflikte zwischen Erwartungen und Erfahrungen geben kann. Zusammen mit der Wachheit verbindet es sich zum „Anfänger-Geist", und die Kenne-ich-schon-Attitüde hat keine Chance mehr. Die Frische der Wahrnehmung ersetzt den Autopiloten, und je feiner und unbefangener unsere Wahrnehmung wird, desto besser lernen wir die Welt und uns selber kennen.

Natürlich sind Erwartungen und Voreinstellungen in unserem Leben von großer Wichtigkeit, ohne sie kämen wir in der Welt nicht zurecht. Aber der Geist neigt dazu, sie grundsätzlich allen Erfahrungen überzustülpen mit all den bekannten Nachteilen. Es läuft also darauf hinaus, den Still-und-wach-Zustand des Geistes als Grundmodus zu etablieren, dem je nach Situation die Erwartungen und Voreinstellungen hinzugefügt werden können – anstatt umgekehrt.

Mit solcherart geöffnetem Geist erschließt sich uns die Faszination der Welt. Wir werden von ihren Kapriolen weniger überwältigt und tauchen gleichzeitig tiefer in sie ein. Wir erleben ihre Vergänglichkeit als Herausforderung, die Einzigartigkeit jedes Moments zu zelebrieren, und erfahren das große Staunen mit jedem neuen Moment. Es ist das Glück, das dem stillen und wachen Geist innewohnt.

Tiefe und Breite der Übung

In der Übung der Achtsamkeit entwickeln wir uns in die Tiefe und in die Breite.

„In die Tiefe" heißt: Wir ziehen uns kurzfristig aus dem Alltagsleben zurück und meditieren im Sitzen oder Gehen, um die Möglichkeiten des Geistes ungestört ausloten zu können. In einem stillen Zimmer, mit geschlossenen Türen und ausgeschaltetem Telefon gleicht dies einer etwas künstlichen Laborsituation. Aber sie hilft im Alltag, uns daran zu erinnern, welche Fähigkeiten unser Geist hat. Wir nennen dies die formelle Übung.

„In die Breite" heißt: immer mehr Bereiche des Alltags mit Achtsamkeit zu durchdringen – beim Essen, Sprechen, Zähneputzen. Denn bewähren muss sich die Übung im Alltag, inmitten des Trubels von Beruf, Kindererziehung und sozialen Kontakten. Wir nennen dies die informelle Übung.

Beim Ergründen der Tiefe erforschen wir den Geist, wenn er von Ablenkungen ferngehalten wird. Dabei können wir in ungeahnte Bereiche der Geistesstille vordringen, große Klarheit und ein tiefes und ursprüngliches Glückserleben erfahren. Was wir in solchen Momenten der Abgeschiedenheit erleben, kann uns später durch den Alltag tragen.

Dabei dürfen wir nicht versuchen, den Geist zu etwas zu zwingen: Wir können ihm keine Zustände vorschreiben. Wir können nur den Boden bereiten und ihm günstige Bedingungen offerieren, um zu Stille und Klarheit zu gelangen. Was dann tatsächlich geschieht, liegt nicht mehr in unserer Hand.

Denn es gibt Phasen in der formellen Übung, in denen wir die andere Seite des Geistes kennenlernen: das Aufbäumen gegen die Stille, chaotische Unruhe, obsessive Gedanken oder einfach nur bleierne Müdigkeit. Das alles gehört zu den Erfahrungen, denen wir uns beim Erforschen des Geistes aussetzen. Es sind dies die Momente, in denen Mut und Entschlossenheit gefragt sind und auf die sich der oft gehörte Satz bezieht: Meditation ist nichts für Weicheier.

Wie lange sollte man meditieren? Die Empfehlungen reichen von täglich fünf Minuten bis zu einer Stunde und länger. Aber die absolute Zahl ist weniger wichtig. Für den einen mögen täglich zehn Minuten eine große Herausforderung darstellen, jemand anderes erlebt gerade eine Phase, in der 45 Minuten ideal erscheinen.

Wir sollten die Zeit nicht so lang wählen, dass wir sie nicht einhalten können und so in eine Schleife von Frustration und Selbstzweifel geraten. Dennoch kann es sinnvoll sein, immer wieder mit längeren Sitzperioden zu experimentieren, um das Potenzial an Sammlung und Klarheit weiter auszuloten. Manche Fähigkeiten des Geistes zeigen sich erst nach längerem Annähern an die Stille.

Das Wichtigste jedoch ist die Regelmäßigkeit! Und wenn es in schwierigen Zeiten auch nur eine Minute Sitzen auf dem Kissen ist, so stärkt dies die Vertrautheit mit der Haltung. Der Geist erinnert sich später an diesen Moment und so kann die Übung allmählich zur Gewohnheit werden.

Die Übung in die Breite: Es ist erstaunlich, wie sehr unsere Achtsamkeit im Alltag schwanken kann! Waren wir soeben noch ganz fokussiert auf den Geschmack eines Kuchens, so erliegen wir plötzlich beim folgenden Abwasch der Verlockung spannendster Grübeleien. Und auch wenn wir es mit der Achtsamkeit beim Zähneputzen schon weit gebracht haben, kann sich im nächsten Moment der Geist in opulente Fantasiereisen verabschieden.

Wir sehen: Die Breite der Achtsamkeit im Alltag muss errungen werden! Immer neue Etappen des Alltagsgeschehens müssen dem Griff des Autopiloten entrissen werden. Dabei ist der Autopilot an sich nicht das Problem – wir benötigen ihn beim Überqueren der Straße, wenn wir auf den Verkehr achten und die Schritte automatisch ablaufen, wir brauchen ihn beim Schreiben und Arbeiten. Es ist seine exzessive Nutzung, die für die Zerfahrenheit des Geistes verantwortlich ist. Denn es gibt viele Momente des Alltags, in denen wir ihn abschalten könnten, in denen wir uns ganz dem Essen oder dem Gehen widmen könnten. Durch die Übung in die Breite versuchen wir genau dies zu trainieren.

Die Achtsamkeit in der formellen Meditation und diejenige im Alltagsgeschehen können sich sehr verschieden anfühlen. Wir sollten nicht erwarten, beim informellen Üben dieselben Erfahrungen an Tiefe und Klarheit zu haben, wie sie uns in schönen Momenten der formellen Meditation widerfahren mögen. Es liegen eben andere Bedingungen vor und deswegen folgen andere Erfahrungen.

Leicht unterliegt man der Verführung, die Übung auf die Zeiten zu verschieben, in denen alles gut läuft: Man ist ausgeschlafen, hat gerade etwas Zeit und fühlt sich wach und entspannt. Schönwettermeditation. Denn in schlechten Zeiten kann es ja mit der Meditation nichts werden – so der Trugschluss. Dahinter steckt die Annahme, dass nur eine angenehme Meditation eine gute ist.

Dabei können gerade die schwierigen Phasen zu großen Lerneffekten führen. Wenn unerwartet das große Loslassen eintritt und ein neuer Horizont sich eröffnet. Aber auch wenn die Übung sich nutzlos und fade anfühlen mag – ihre Wirkung entfaltet sich durch die Wiederholung und prägt im Laufe der Zeit dem Geist eine Spur ein.

Dies bedeutet, sich des Körpers auch dann bewusst zu werden, wenn es im Oberstübchen gerade tobt, die zehn Minuten Sitzmeditation auch dann einzuhalten, wenn die Trägheit überhandnimmt, und sich dem Atem gerade dann zuzuwenden, wenn Schmerz und Kummer regieren.

Unsere Übung ist gemacht für den Alltag, egal ob in der formellen Form in Abgeschiedenheit oder informell mitten im Leben. Die eine zeigt, was alles möglich ist, die andere trägt es in den Alltag hinein. Die informelle Praxis wiederum rahmt die formelle ein und bereitet ihr den Boden. Achtsamkeit in die Tiefe und in die Breite – eine wundervolle Symbiose.

Ergänzungen

Fragen und Antworten
zur Übungspraxis

Muss man für achtsames Handeln besonders langsam sein?

Nein, für Achtsamkeit muss man sich nicht extra langsam bewegen. Allerdings kann Langsamkeit sehr hilfreich sein. Sie lässt die Wahrnehmung präziser werden und rückt dadurch Abläufe ins Blickfeld, die vorher noch nie aufgefallen sind. Sie kann so zu völlig neuen Sichtweisen führen und tiefes Glück im Erfassen des jetzigen Geschehens vermitteln.

Aber natürlich ist Achtsamkeit nicht auf Langsamkeit beschränkt. Denn zu unserem Leben gehören auch schnelle Phasen, und die können ebenfalls mit Achtsamkeit begleitet werden. Im schnellen Modus fühlt sich Achtsamkeit anders an. Sehr gut kann man dies beim Gehen beobachten. Langsames Gehen ermöglicht zum Beispiel ein detailliertes Verfolgen des Ablösens der Fußsohle vom Boden. Bei schnellem Gehen sind so viele Details kaum erfassbar, also heftet sich die Achtsamkeit auf gröbere Art an die Empfindungen an der Fußsohle. Es kommt jetzt nicht mehr auf das Erfassen kleinster Details an, sondern auf die Beständigkeit, überhaupt an dem entsprechenden Objekt dranzubleiben. Dabei kann es eine Hilfe sein, den Fokus etwas „lockerer" zu halten, vielleicht sogar ein wenig auszuweiten. Beim Gehen etwa das ganze Bein oder die Bewegung des Körpers ins Gewahrsein zu nehmen.

Ist Achtsamkeit mit Multitasking vereinbar?

Für Achtsamkeit wird meistens auch das Gebot gezählt, auf Multitasking zu verzichten – also nicht mehrere Aufgaben gleichzeitig zu bewältigen (deutscher Fachbegriff: Mehrfachaufgabenperformanz). Das ist sicher eine sinnvolle Vorgabe, denn es ist erwiesen, dass die Leistungsfähigkeit des Gehirns in solchen Fällen sinkt und die Fehleranfälligkeit rapide steigt. Zudem gibt es keine echte Gleichzeitigkeit in der Bearbeitung der Anforderungen, vielmehr springt der Geist sehr schnell von einer Aufgabe zur anderen und zurück.

Aber manchmal müssen wir mehrere Dinge gleichzeitig tun. Auch dann ist Achtsamkeit möglich, aber sie fühlt sich anders an. Wir nehmen dann bewusst wahr, dass wir jetzt mehrere Dinge gleichzeitig tun, und erkennen, wie sehr der Geist jetzt gefordert ist. Wir können dabei unseren Geist erforschen: Springt der Fokus zwischen den Objekten hin und her oder ist es mehr ein diffuses, offeneres Gewahrsein? Vielleicht verteilen sich die Tätigkeiten auf Vordergrund und Hintergrund?

Ist Hintergrundmusik der Achtsamkeit abträglich?

Hintergrundmusik bei Alltagsverrichtungen kann eine beruhigende Wirkung ausüben und somit einem unruhigen Geist zu entspannter Wachheit verhelfen. Aber gleichzeitig ist sie ein zerstreuender Faktor, dessen ablenkende Wirkung oft kaum bemerkt wird.

So gilt es abzuwägen: Welcher Einfluss der Hintergrundmusik überwiegt? Man darf sich dabei nicht täuschen lassen: Hintergrundmusik wird oft benutzt, um bei einem Mangel an äußeren Reizen Gefühle wie Einsamkeit und Leere zu überdecken. Aber genau diese Reizarmut ist förderlich für die Konzentration.

Sind Rituale für die Praxis wichtig?

Rituale können eine stabilisierende und motivierende Funktion haben. Eine kleine Sitzecke für Meditationen einzurichten, ist ebenso hilfreich, wie die Meditation mit Glockenschlägen, Mantren oder Verbeugungen einzuleiten. Rituale katapultieren den Geist in eine günstige Verfassung, weil sie ihm signalisieren: Jetzt kommt etwas Vertrautes und Angenehmes, und er erinnert sich an die Stille vergangener Meditationen.

Rituale können aber auch zu Hemmnissen werden, wenn sie zwanghaft werden – wenn man meint, ohne sie nicht praktizieren zu können. Dann koppelt sich die Übung vom Alltag ab und man wird hilflos in anderer Umgebung oder anderem Tagesablauf. Dagegen hilft, immer wieder zwischendurch auf radikal andere Weise zu üben, an ungewöhnlichen Orten, zu ungewöhnlichen Zeiten und in einer unüblichen Position.

Es kann auch passieren, dass ein Eingangsritual zur Hürde wird – man scheut den Aufwand und lässt es dann ganz. Auch dann hilft das radikale Jetzt-sofort-Meditieren ohne einleitende Maßnahmen.

Wie wichtig sind Gewohnheiten?

Es hilft dem Geist, wenn er gewohnt ist, zu einem bestimmten Zeitpunkt des Alltags in die Übung einzutreten. Oder zumindest an einer bestimmten Stelle im Tagesablauf. Dies gilt auch dann, wenn die Übungszeit nur wenige Minuten beträgt. Und wie schon bei Ritualen kann es sehr effektvoll sein, ab und zu die Gewohnheit zu durchbrechen und den Geist mit unerwarteten Zeiten und Abläufen zu überraschen.

Freundlichkeit

Die Praxis der Achtsamkeit wirkt manchmal etwas nüchtern und kühl. Selbst Gefühle und Stimmungen werden nur als Objekte der Aufmerksamkeit wahrgenommen. Ein regelrechter Qualitätssprung kann sich ergeben, wenn man zu der Achtsamkeit eine kleine Portion Freundlichkeit hinzufügt. Eine wohlwollende Haltung gegenüber Menschen und Tieren, aber auch gegenüber den eigenen Körperempfindungen, Sinneseindrücken und Gedanken.

Freundlichkeit weitet das Herz, und sie erweitert unseren Aufmerksamkeitshorizont. Sie ermöglicht diese leichte Öffnung, die auch die unangenehmen Dinge gelassener ertragen lässt. Sie geht somit der Achtsamkeit zur Hand.

Freundlichkeit ist hier mehr als eine Stimmung. Sie ist gemeint als eine Grundeinstellung, eine Haltung, mit der alles in einem helleren Licht gesehen wird. Sie wird so zu einer Qualität der Achtsamkeit selbst, zu einer Eigenart des Blickes, mit dem wir die Welt sehen. Es ist wie das Umlegen eines Schalters. Von neutral zu freundlich. Oder von mufflig zu freundlich.

Ist Freundlichkeit ein Zeichen für mangelnden Realitätssinn? Keineswegs, denn unsere Urteilsfähigkeit bleibt unberührt. Es lohnt sich zu experimentieren: Kann ich einem Menschen, der gerade Unangemessenes macht, freundlich gegenübertreten, obwohl ich sein Tun ablehne? Kann ich meinen eigenen Unvollkommenheiten freundlich begegnen, ohne sie damit zu Vollkommenheiten umzudeuten?

Mit Freundlichkeit wird die Welt keineswegs besser, aber ohne sie auch nicht. Mit Freundlichkeit können wir besser mit ihr umgehen und souveräner agieren. Und damit wird sie dann vielleicht doch ein kleines bisschen besser.

Natürlich gibt es Grenzen für Freundlichkeit; Momente, in denen Freundlichkeit nicht aufkommen kann und auch nicht soll. Aber es ist sinnvoll, diese Phasen als einzelne, isolierte Episoden zu verstehen und nicht als einen Grauschleier, der sich über alle unsere Erfahrungen legt.

Und auch wenn die Misslichkeiten im Leben überhandnehmen – viele von ihnen lassen sich mit Freundlichkeit wesentlich besser gestaltend verändern. Statt verärgert über das Verhalten eines anderen ihn zurechtzuweisen, ist die freundliche aber bestimmte Reaktion fast immer die wirksamere. Auch für unseren eigenen Seelenhaushalt ist das freundliche Verändern-Wollen gesünder, als wenn Ärger oder Hass das treibende Motiv ist.

Man mag einwenden, dass Freundlichkeit sich nicht erzwingen lässt. Das Erstaunliche ist: Man kann beschließen, freundlich zu sein! Nicht immer gelingt es, und manchmal erscheint es etwas „gewollt" zu sein. Das darf durchaus sein, denn das Gespielte kann sich zum Echten wandeln – auf Englisch: „fake it till you make it" (dt.: „spiele es, bis es wirklich wird"). Es ist wie mit dem absichtlichen Hochziehen der Mundwinkel – nach zwei Minuten blitzt Heiterkeit auf.

Man kann Freundlichkeit einüben, indem man sich zum Beispiel immer wieder leise sagt: „Freundlichkeit" oder „Heiterkeit" oder „Wohlwollen". Oder sich ein Bild vergegenwärtigt, das man mit

Freundlichkeit assoziiert – wie das einer Blume oder eines Haustieres oder eines lächelnden Menschen.

Freundlichkeit ist die Sahnehaube auf dem Kuchen der Achtsamkeit. Mindestens.

Beruhigen des Geistes

Es ist dies eine der erstaunlichen Erfahrungen rund um das Geistestraining: Wir wünschen uns so oft geistige Stille, aber kaum bietet sich die Möglichkeit, Stille zu genießen, fängt der Geist an zu toben und nach spannenden Inhalten zu jagen. Als könnten wir die Stille, nach der wir uns sehnen, nicht ertragen.

Erste Regel hierbei ist, dass wir uns für diese „Unfähigkeit" nicht verurteilen. Unser Geist ist so gemacht, dass er immer wieder in Bewegung kommt und auch bei mangelndem Input von außen in innere Aktivität flieht. In der Hirnforschung hat sich hierfür der Begriff „default mode" eingebürgert, als man mit großem Erstaunen entdeckte, dass das Gehirn besonders dann aktiv wird, wenn es gerade nichts zu tun gibt. Dieser „wandernde Geist" ist ein großes Hindernis für Konzentration, Regeneration und ein tiefes Glücksempfinden.

Diese Eigendynamik des Geistes mag schwer zu akzeptieren sein, denn wir haben grundsätzlich das Gefühl, dass ICH denke und dass es MEINE Gedanken sind, die ich denke. Also dass ICH bestimme, wann und was ich denke! Jedoch merken wir mit zunehmender Übung schnell, dass wir viel weniger Kontrolle über unseren Geist haben, als es uns erscheint. Wir beginnen vielleicht sogar daran zu zweifeln, dass es MEINE Gedanken sind, die da aus dem Nichts hervorsprudeln und oft gar nicht erwünscht sind.

Wir tun gut daran, ein entspanntes Verhältnis zu dieser Machtlosigkeit anzustreben – vielleicht sogar etwas Demut zu entwickeln. Denn selbst diese kostbaren Momente, in denen wir von endlosen Gedankenketten aufwachen, unterliegen nicht unserer Kontrolle, sie kommen quasi als Geschenk von irgendwoher.

Sowie aber der Moment das Aufwachens gekommen ist, eröffnet sich unser Handlungsspielraum: Wir können dann entscheiden, welchem Gedanken wir uns zuwenden wollen, ob wir weiterträumen oder in die Wirklichkeit eintreten wollen.

Und wir können den Geist trainieren: Mit zunehmender Häufigkeit des Aufwachens und des Rückkehrens in das JETZT schulen wir den Geist, von selbst den Gedankenprozessen auf die Spur zu kommen. Auf diese Weise gewinnen wir auf längere Sicht einen Einfluss auf die Neigungen und Gewohnheiten des Geistes. Auch verliert der Geist bald sein Interesse an belanglosen Gedankenspielen und kann so länger in der Stille verweilen.

Ein wichtiger Aspekt dieser Praxis ist die Geduld. Die Erfolge bei der Geisteskontrolle stellen sich in der Regel erst nach vielfachem Üben ein. Andererseits wissen wir, dass der Geist lernfähig ist. Und so wie er nicht anders kann, als nach geduldigem Einüben von fremdsprachigen Vokabeln nach einiger Zeit einige Worte mehr oder weniger gut zu beherrschen, so kann der Geist nicht anders, als bei geduldigem Üben auch Stille und Klarheit in sein Repertoire aufzunehmen.

Welche Maßnahmen stehen uns zur Verfügung, wenn wir im konkreten Fall von Gedankenfluten überwältigt werden? Zwei verschiedene Ansätze bieten sich an.

1. Ansatz: Gegenmaßnahmen

Eine Möglichkeit besteht darin zu versuchen, den Geist zu zähmen, indem man ihm einen anderen Fokus anbietet:

a) Atemzüge zählen

Hier zählt man jedes Ausatmen, bis man bei „7" angelangt ist. Dann wieder von vorne oder umgekehrt zurück. Wenn man eine Zahl verpasst hat oder unbewusst weiterzählt, fängt man wieder von vorne an. Wenn viel Turbulenz im Geiste herrscht, kann man auch die Grenze bei „3" setzen. Das Zählen sollte mehr im Hintergrund ablaufen, der Fokus liegt hauptsächlich auf dem Atem.

b) Benennen

Jede Erfahrung wird mit einem stillen Etikett versehen wie „hören", „spüren" etc. (Details zu dieser Technik finden sich im Kapitel „Erfahrungen benennen").

c) Suggestive Formulierungen

Sie sind ein sehr wirkungsvolles Mittel zur Beeinflussung des Geistes. Das sieht man leicht, wenn man sich das Wort „Frieden" und das Wort „Hass" denkt und beide Wirkungen miteinander vergleicht. Diese Wirkungen sind jedoch in der Regel nur kurz.

Die Nützlichkeit von Suggestionen liegt in ihrer assoziativen Verknüpfung, wenn man diese Technik über einen längeren Zeitraum übt: Jedes Mal, wenn der Geist ein gewisses Maß an Stille erreicht hat, wird das Wort „Stille" gedacht oder geflüstert. Nach einiger Zeit hat der Geist den Zustand der Stille mit dem Begriff so eng verknüpft, dass jetzt umgekehrt vorgegangen werden kann: Man denkt „Stille" und der Geist tritt in diesen Zustand ein. Der Geist wird gezähmt.

Beispiele für suggestive Formulierungen können einzelne Begriffe sein wie „Loslassen", „Entspannen" oder „Stille", aber auch kurze Sätze oder Reime sind gut geeignet.

d) Mantras

Im Prinzip funktionieren Mantras wie suggestive Formulierungen durch die Verknüpfung von Geisteszustand und Begriff. Nur fehlt bei Mantras wie beispielsweise „Om" die Anfangswirkung, da dieses Mantra in unserem Kulturraum nicht mit einer Bedeutung verknüpft ist.

e) Chanten

Das monotone Singen von Mantras oder Sutren bindet die Aufmerksamkeit und hilft den Geist zu stabilisieren. Sehr nützlich ist es, wenn das Chanten in einer Gruppe oder mit einem Lehrer mit einer intensiven Erfahrung verbunden werden kann.

f) Imaginieren

Bilder der Stille und der Unerschütterlichkeit zu imaginieren wirkt unmittelbar auf den Geisteszustand ein. Das mentale Bild eines majestätischen Berges oder eines stillen Bergsees kann hierbei hilfreich sein.

g) Körperbewusstheit

Den Fokus auf einzelne Körperteile richten, die einerseits gut zu spüren sind, aber andererseits auch schwach genug, um ein gewisses Maß an Aufmerksamkeit zu erfordern. Zu Beginn eignen sich besonders gut die Empfindungen an den Sitzhöckern oder Händen, später können auch subtilere Wahrnehmungen gewählt werden.

Um die Wachheit halten zu können, empfiehlt sich dabei ein Wechsel zwischen verschiedenen Körperbereichen oder ein Durchwandern (body scan) des ganzen Körpers. Man kann dazu den Atem als Takt benutzen, also bei jedem Körperteil für einige

Atemzüge verweilen. Sehr wirksam kann es sein, die Körperbe-wusstheit mit suggestiven Entspannungsformeln (s. Kapitel „Man-tras, Gathas und Gedichte") zu verbinden.

h) Meditation in Bewegung

Einfache Yogaübungen oder meditatives Gehen sind hervorra-gende Alternativen zur Sitzmeditation. Sie können auch als Vorbe-reitung zur Sitzmeditation dienen.

2. Ansatz: Geschehenlassen

Die zweite Möglichkeit für den Umgang mit innerer Unruhe be-steht darin, sie so zu lassen, wie sie ist – sich „zurückzulehnen" und sie wohlwollend zu betrachten. Der Zustand des Geistes wird so zu unserem Forschungsobjekt.

Dies fällt zunächst schwer, da man den Widerstand gegen die als unangenehm empfundene Unruhe vollkommen fallenlassen muss. Auch die subtilste Erwartung, dass der Geist dann ruhiger werden möge, ist ein Hindernis. Stattdessen lässt man sich nicht mehr stören von den Gedanken.

Vor allem kümmert man sich nicht mehr um die Inhalte der Ge-danken, sondern verfolgt mit Interesse die Gedankenprozesse als mentale Phänomene. Es kann dann passieren, dass der Geist in eine neue Ruhezone eintritt, von der aus er dem Tumult der Ge-danken zuschaut.

Hilfreich kann es manchmal sein, die Art der Unruhe genauer zu identifizieren:

a) Sind belastende Ereignisse oder Erwartungen die Ursache der Gedanken und Gefühle?

b) Ist die Unruhe eine Folge von unangenehmen körperlichen Empfindungen?

c) Sind es belanglose Gedankeninhalte, die Langeweile überdecken sollen?

d) Ist es eine allgemeine unspezifische Unruhe und Anspannung?

In den Fällen a) und b) kann es sinnvoll sein, sich den Gefühlen oder Missempfindungen zu widmen, sie als Meditationsobjekte zu nehmen (siehe Kapitel „Umgang mit quälenden Gefühlen"). Bei c) und d) können suggestive Praktiken angeraten sein (s. Kapitel „Mantras, Gathas und Gedichte")

Manchmal kommt zur Unruhe zu allem Überfluss noch Müdigkeit hinzu, sodass man in eine Art turbulenten Dämmerzustand gelangt, in dem weder Einschlafen noch richtiges Wachsein möglich sind. Dann empfiehlt sich Gehmeditation oder Yoga.

Ein buddhistischer Lehrer sagte einmal: „Meditation ist eine Demütigung nach der anderen!" Diese Erfahrung macht wohl jeder, der das Wagnis der Erforschung des Geistes eingeht. Aber dazu gehört auch die Großartigkeit des Erlebens, wenn der Geist dann mehr oder weniger unvermittelt tatsächlich zu Stille und Klarheit gelangt – und dies womöglich mitten im Alltag!

Über all diesen Maßnahmen sollte nicht vergessen werden: Gedanken sind eine wunderbare Erscheinung unseres Geisteslebens – und sie sind lebensnotwendig. Es darf nie um einen Kampf gegen Gedanken gehen! Es dreht sich nur darum, sich ihrer bewusst zu werden und sich ihrer Macht entziehen zu können. Dies ist damit gemeint, wenn manchmal vom „Zähmen des Geistes" oder der „Meisterschaft über den Geist" die Rede ist.

Erfahrungen benennen

Das Benennen von Sinneserfahrungen ist eine bewährte und wirkungsvolle Methode, um den Fokus des Geistes bei wechselnden Eindrücken stabil zu halten und dennoch offen für verschiedene Sinnesreize zu sein.

Hierzu wird beim Wahrnehmen eines Geräusches leise innerlich „Geräusch" geflüstert, bei einer Druckempfindung „Druck", bei einem Gedanken „Gedanke" etc. Jede Wahrnehmung, auf welche die Aufmerksamkeit sich richtet, wird so mit einem Etikett versehen. Durch diesen leichten Aufwand wird der Geist gebunden und driftet weniger leicht ab.

Wichtig ist hierbei, dass der Aufwand für die Benennung gering gehalten wird – man spricht manchmal von fünf Prozent der Aufmerksamkeit, was als Zahlenwert natürlich nicht allzu ernst zu nehmen ist. Auf jeden Fall soll das Zuteilen des Etiketts nicht zu einer neuen Gedankenflut oder zu umfangreichen Analysen Anlass geben. Das Etikett taucht idealerweise fast von selbst mit der Erscheinung leise im Hintergrund auf.

Die Etiketten „Geräusch", „Druck" und „Gedanke", sind objektbezogen. Es kann auch konkreter gewählt werden: „Bellen", „Rucksack", „Erinnerung". Besonders wirkungsvoll können Benennungen sein, die sich mehr auf den Wahrnehmungsvorgang beziehen, zum Beispiel „Hören", „Fühlen", „Denken" etc.

Unbedingt sollte eine ichbezogene Formulierung vermieden werden, also kein „ich denke" oder „mein Gedanke", sondern stattdessen eine neutrale Formulierung wie „Denken" oder „da ist Denken" gewählt werden.

Diese Methode lässt sich nicht nur in der formellen Meditation anwenden, sondern auch zur Verstärkung der Achtsamkeit bei alltäglichen Verrichtungen: „Greifen", „Suchen", „Sehen" etc. Sehr wirkungsvoll lässt sich hiermit die dominante Rolle des Sehens erforschen, indem bei jedem neuen optischen Reiz ein Etikett vergeben wird. Dieses kann sich auch wiederholen: „Sehen", „Sehen", Sehen, …

Wenn die Eindrücke sehr schnell aufeinander folgen und man mit dem Etikettieren nicht mehr nachkommt, können auch Etappen übersprungen werden oder mit oberflächlichen Platzhaltern bedacht werden wie „irgendwas" oder „ach so". Das Ziel dieser Methode ist ja nicht, ein perfektes Protokoll abzuliefern, sondern den Geist an das Erleben im Jetzt zu binden.

Das Etikettieren bzw. Benennen betont einen wesentlichen Aspekt der Achtsamkeit, nämlich das „Wissen" um das, was gerade geschieht. Dieses Wissen ist kein analytisches, das auf gedanklichen Kategorien aufbaut und scharfe Definitionen benötigt. Es ist vielmehr ein Erleben, das ergänzt wird durch die Bewusstheit, dass gerade etwas erlebt wird und wie es gerade erlebt wird.

Durch das Benennen wird eine gewisse Distanz zu den Wahrnehmungen erzeugt. Dies kann sehr günstig sein, wenn der Geist unruhig ist oder starke Gefühle einen Sog ausüben, der die Achtsamkeit hinunterzieht. Zu anderen Zeiten ist es besser, ganz dicht an die Erscheinungen heranzurücken, um zum Beispiel ihre Unbeständigkeit genau zu erkennen. Dann ist das Benennen weniger hilfreich.

Manchmal wird die Achtsamkeit sehr leicht und präzise und scheint ganz von allein alles zu durchdringen. Auch in solch glücklichen Momenten der Mühelosigkeit ist es sinnvoll, sich vom Etikettieren zu verabschieden. Es ist nur eine Methode, ein Hilfsmittel, das so lange benutzt wird, wie es nützlich ist.

Mantras, Gathas und Gedichte

In der Achtsamkeitspraxis üben wir uns darin, unsere Erfahrungen genau wahrzunehmen, ohne irgendetwas an ihnen ändern oder manipulieren zu wollen. Affirmationen und Selbstsuggestionen machen das Gegenteil: Sie beeinflussen den eigenen Geist. Dies kann mit Bildern oder Worten geschehen. Und obwohl diese Prozesse der Achtsamkeitspraxis entgegen stehen, können sie eine wertvolle Ergänzung für sie sein.

Der vietnamesische Zen-Meister Thich Nhat Hanh lehnt sich in seinen kurzen Versen (Gathas) an Texte aus dem alten buddhistischen Kanon an. Eine seiner Gathas lautet:

Breathing in, I calm my body.
Breathing out, I smile.

(Einatmend beruhige ich meinen Körper.
Ausatmend lächle ich.)

Mit dem Sprechen oder Denken dieser Zeilen wird die Bewusstheit des Atmens mit einer Entspannung des Körpers und einer freundlichen Zufriedenheit verknüpft. Allein durch das Wort „beruhigen" tritt eine entsprechende Wirkung ein.

Besonders stark wirkt sich die umgekehrte Reihenfolge aus: Wenn in Zuständen einer relativen Geistesstille immer wieder das Wort „Ruhe" gedacht wird, so vertieft sich im Geist die Verknüpfung zwischen dem Wort und der Stille im Sinne einer positiven

Rückkoppelung. Irgendwann ist das kurzzeitige Denken von „Ruhe" ausreichend, um sofort eine erhebliche Beruhigung des Geistes zu bewirken.

Dies erleichtert dann die reine Achtsamkeitspraxis, die von Geistesruhe profitiert. Schon das Wiederholen bedeutungsleerer Laute fokussiert den Geist und nützt damit der Achtsamkeit. Im obigen Beispiel wird die Affirmation zusätzlich mit dem Atem verknüpft, sodass die Bewusstheit des Atmens zu Entspannung führt und ein Lächeln hervorlocken kann.

Ähnliche Vorgehensweisen finden sich auch in anderen Meditations- und Entspannungsübungen:

1) Die im Buddhismus beheimatete Praxis der Metta-Meditation hat die Kultivierung einer wohlwollenden und liebevollen Haltung gegenüber allen Lebewesen zum Ziel (s. Kapitel „Wohlwollen, Mitgefühl, Metta"). Auch hier werden Sätze oder Worte wiederholt. Die Methode kann als ein Sonderfall unserer Affirmationspraxis verstanden werden.

2) Autogenes Training: Eine wohlerforschte und wirksame Methode, die vor allem zu Beginn auf körperliche Entspannung zielt. Es werden Formeln wie „mein Arm wird ganz warm" innerlich gesprochen. Man nähert sich einem Zustand der Selbsthypnose an, sodass ein „Aufwachen" aus diesem Zustand durch körperliche Maßnahmen wie Gähnen, Strecken empfohlen wird. Diese Methode ähnelt unserer Affirmationspraxis, jedoch wird bei letzterer ein hypnoseähnlicher Zustand nicht angestrebt, der Kontakt mit der umgebenden Sinneswelt geht nicht verloren.

3) Sprechen von Mantras: Diesen als heilig angesehenen Silben oder Sätzen werden im religiösen Kontext mystische oder magische Wirkungen zugesprochen. Ihre ständige Wiederholung dient

auch dem Zweck der Fokussierung des Geistes. Für Menschen der westlichen Welt haben Mantras wie „Om" oder das tibetische „om mani padme hum" jedoch zunächst keine Bedeutung, diese kann sich dann im Verlauf der Übung entwickeln.

Auch die Gebete der christlichen Mystiker (z. B. Herz-Jesu-Gebet) können hier eingeordnet werden.

4) Positives Denken: Hier rücken Sätze wie „Ich habe bereits Erfolg." oder „Ich schaffe alles, was ich will." ins Zentrum. Ihr Ziel besteht in der positiven Bewertung des eigenen Charakters, der (finanziellen) Situation oder in der Heilung. Neben der Registrierung günstiger Effekte auf das Selbstwertgefühl wird diese Methode auch kritisiert, da Realitätsverlust, unreifes Wunschdenken und starke Egozentrierung als mögliche Gefahren gesehen werden. Im Gegensatz dazu beinhalten die hier vorgeschlagenen Affirmationen einen konkreten Bezug zum gegenwärtigen Moment und vermeiden wunscherfüllende und das Ich aufblähende Formulierungen.

Bei all unseren Übungen sollte man keine Wunder erwarten – am besten, man erwartet überhaupt nichts. Die Wunder stellen sich überraschend ein, eben dann, wenn keine Erwartungen damit verbunden sind. Es ist schon etwas paradox: Man setzt die Affirmationen mit einem Ziel vor Augen ein, soll sich dann aber nicht darum kümmern, ob man erfolgreich ist.

In der Praxis muss man sich nicht an vorgegebene Texte halten. Jeder Mensch hat eigene Begriffe, die ihn oder sie besonders ansprechen. Der eigenen Fantasie sind keine Grenzen gesetzt, ganze Gedichte können für diesen Zweck geschrieben werden. Und manchmal reicht schon ein einziges Wort aus.

Hier zwei Vorschläge für mögliche Texe, die beliebig verändert werden können:

Der Atem beruhigt meinen Körper,
erheitert meine Seele
und öffnet mich dem Augenblick.

Gelöst und entspannt
fällt alles von mir ab.
Ich atme frei und unbeschwert.

Bei Thich Nhat Hanh hat die obige Gatha übrigens eine Fortsetzung:

Breathing in, I calm my body.
Breathing out, I smile.
Dwelling in the present moment,
I know this is a wonderful moment!

(Einatmend beruhige ich meinen Körper.
Ausatmend lächle ich.
Im gegenwärtigen Moment verweilend weiß ich:
Dies ist ein wunderbarer Augenblick![2])

2   https://www.goodreads.com/quotes/95802-breathing-in-i-calm-body-and-mind-breathing-out-i, aus dem Buch „Belng Peace". Übers. C. Mannewitz

Sich motivieren

Es kann leicht passieren, dass die Praxis zu einer Pflichtübung wird, zu einem andauernden Kampf, den inneren Schweinehund besiegen zu wollen. Und wenn dies nicht klappt, kommen Schuldgefühle auf („Heute schon wieder nicht meditiert!"). In der Folge treten dann Zweifel auf, ob das Ganze überhaupt einen Sinn hat oder man dafür vielleicht gar nicht geeignet ist und es doch besser wäre, einem eher hedonistischen Ansatz in der Lebensführung zu folgen.

Zwei Aspekte können bei der inneren Motivation helfen. Der erste Aspekt ist sehr profan. Er beruht auf der Erkenntnis, dass das reine Wissen um den Wert des täglichen Meditierens nicht ausreicht. Der vernunftorientierte Wille, etwas für die eigene Entwicklung zu tun, hat keine Chance, wenn dieses Tun mit ständigen Unlustgefühlen verbunden ist. Schon allein die Erwartung, dass es öde werden könnte, wirkt abschreckend. Alle Methoden zur Raucherentwöhnung, zum Abnehmen oder Sporttreiben, die lediglich auf dem abstrakten Wissen beruhen, scheitern auf längere Sicht.

Der Grund liegt darin, dass wir nun einmal so gemacht sind, die angenehmen Erfahrungen anzustreben. Die unangenehmen lassen wir nur so lange zu, wie der Lustgewinn aufgeschoben erscheint und möglichst bald die Belohnung lockt. Wenn also unsere Praxis gerade nicht von sich aus beglückend ist, so ist es sinnvoll, sie mit angenehmen Empfindungen zu garnieren: eine wohlige Atmosphäre in der Sitzecke schaffen; die Übungszeit nur so lang zu bemessen, wie sie uns nicht überfordert; eine Übungsmethode wählen, die uns leichtfällt; die Meditationszeit in genussvolles Keksessen oder Cappuccino-Trinken einbetten. Alle Tricks, die uns helfen, die Übung mit einer freudvollen Stimmung zu verbinden, sind gut.

Auf diese Weise können wir uns über die Phasen hinwegretten, in denen die Praxis langweilig, verwirrend oder sogar richtig schwer ist. Manchmal sind dies die wertvollsten Phasen. Aber irgendwann kommen die friedlichen und freudvollen Momente wieder, die uns von ganz allein zur Übung bewegen. Im Buddhismus heißt es, dass Freude und Glück nicht das Ziel der Übung sind, sondern der Weg. Vielleicht etwas überspitzt formuliert, aber dennoch bemerkenswert.

Der zweite Aspekt ist die langfristige Motivation, die „Vision". Hiermit ist nicht die verführerische Fantasie gemeint, wie es sich anfühlen mag, wenn man eines Tages erleuchtet ist und alle Probleme des Lebens hinter sich gelassen hat. Stattdessen ist die Vorstellung einer dauerhaften menschlichen Weiterentwicklung gemeint, die sich aus der Vorstellung speist, aus einer späteren Lebensperspektive mit der Frage zurückzublicken, was man für sein Leben getan hat.

Wesentlich für diesen Aspekt ist die Unterscheidung zwischen „dringend" und „wichtig". Viele Dinge in unserem Leben mögen dringend sein, müssen schnell erledigt werden. Andere sind wichtig, vielleicht sogar sehr wichtig, tragen aber keine Frist in sich, sodass sie nicht bis zu einem bestimmten Termin erledigt werden müssen. Sie werden deshalb von den dringenden Aufgaben verdrängt, und so wird dann das Wichtige von einem Tag zum nächsten verschoben. Dies zu erkennen hilft, um mit Entschlossenheit den wichtigen aber nicht fristgebundenen Dingen ihre Zeit im Alltag einzuräumen.

Es hilft auch, sich klarzumachen, dass wir auf einem Übungsweg sind. Nicht zu erwarten, dass die nächste Meditation die beste aller Zeiten sein wird, sondern sie als einen der vielen kleinen Schritte zu begreifen, die uns langfristig weiterbringen. Getreu dem chinesischen Sprichwort: Der Mann, der den Berg versetzte, ist derjenige, der damit begann, einzelne Steine umzusetzen.

Hilfreich für eine langfristige Motivation ist auch eine altruistische Ausrichtung unserer Praxis. Auf den ersten Blick wirkt sie zwar sehr auf uns selbst bezogen – wenn wir uns zurückziehen und ganz um unseren Atem kreisen. Aber wir wissen: Durch unsere Entwicklung wirken wir auf unsere Umwelt ein, unsere Gelassenheit und Klarheit kann anderen hilfreich sein, unser Wohlwollen sie beflügeln.

Für den Weg der Achtsamkeit zu „brennen", kann durch das ganze Leben tragen. Als Zeugnisse können die Berichte der Menschen dienen, die diesen Weg gegangen sind und tiefes Glück erfahren haben, die Früchte geerntet haben – egal, aus welcher spirituellen oder philosophischen Tradition sie kamen. Sie vermitteln ein Gespür für die Gemeinschaft all derjenigen, die mit auf dem Weg sind.

Die Praxis im Alltag

Um die formelle Übung im Alltag zu etablieren, ist viel Entschlossenheit und Tatkraft notwendig. Allzu leicht gaukelt der Geist uns vor, dass es in diesem Moment doch gerade unpassend ist und man die Übung lieber auf einen späteren Zeitpunkt verschieben sollte. Oder er umwölkt unsere Aufmerksamkeit so beharrlich, dass wir uns erst spät am Abend im Bett an die Übung erinnern.

Dabei gilt: Es kommt nicht darauf an, jetzt die perfekte Meditation zu absolvieren und dafür die besten Bedingungen zu haben. Stattdessen geht es um die Übung, den Geist immer wieder darin zu schulen, sich an dieses stille Eintauchen in das JETZT zu gewöhnen, egal unter welchen Bedingungen man sich gerade befindet. Denn mit zunehmender Übung gewöhnt sich der Geist an das Innehalten und die Präsenz – er kann gar nicht anders als zu lernen, wenn man eine Aktivität ständig wiederholt.

Ein typisches Bonmot sagt: *Die Übung der Achtsamkeit ist einfach, aber nicht leicht.* Das, was „nicht leicht" ist, besteht in dem Sich-Erinnern! Denn das Achtsam-Sein ist tatsächlich nicht schwer, es ist ein natürlicher Vorgang.

Deswegen hier ein paar Tipps, wie die Übung im Alltag verankert werden kann:

1) Motivation stärken

o   Erinnerungsgegenstände in der Wohnung verteilen, die die Achtsamkeit anstoßen: ein Cartoon hier, ein einschlägiges

Buch dort, ein Zettel mit „JETZT", eine kleine Buddha-, Jesus- oder Sokrates-Figur ... und diese immer wieder erneuern,

o   Anregende Zitate sammeln,

o   Bücher, Zeitschriftenartikel über Achtsamkeit und Meditation lesen – Lebensläufe von Meditationsmeistern, Berichte über die Wirksamkeit von Meditation,

o   Videos von Lehrenden und Anleitungen bei YouTube ansehen,

o   die formelle Meditation in bewusst ausgeführte Rituale einbetten, die den Geist beruhigen und auf die man sich freut,

o   Rituale etablieren in täglichen Gewohnheiten, z. B beim stillem Teetrinken,

o   eine anheimelnde Gestaltung der „Sitzecke" einrichten,

o   sich klarmachen, dass die eigene Praxis letztlich auch dem Wohle anderer Menschen zugutekommt,

o   ein Meditationstagebuch führen.

2) Routine entwickeln

o   immer mehr kleine Bereiche des Alltags von Achtsamkeit durchdringen lassen: das Schuhe-Anziehen, den ersten Schluck Kaffee, das Keks-Essen, das Bewegen des Stiftes beim Schreiben ... und jeweils <u>vor</u> der Tätigkeit kurz innehalten, o die Technik des Benennens benutzen, vor allem, wenn verschiedene Alltagseindrücke in schneller Folge einströmen (s. Kapitel „Erfahrungen benennen"),

o für die tägliche formelle Meditation eine Zeitdauer festlegen, die weder über- noch unterfordert, und sie an einer festen Stelle des Tagesablaufs verankern,

o täglich „Atempausen" einbauen: für drei Atemzüge alles stehen und liegen lassen und nur im Gewahrsein des JETZT, des Körpers, des Atems sein,

o für diese „Atempausen" bestimmte Anlässe nutzen (Telefonklingeln, Hochfahren des Computers, Beginn des Essens, Warten an der Ampel/Haltestelle),

o oder diese „Atempausen" von einer App oder Küchenuhr zu beliebigen Zeitpunkten vorschlagen lassen,

o während der Kommunikation mit anderen Menschen den Fokus immer wieder auf die eigene Befindlichkeit und Körperlichkeit richten,

o am Abend zuvor oder am Morgen eine dezidierte Entscheidung treffen, wann und wie man an diesem Tag praktizieren will; dazu Erinnerungszettel verteilen,

o einen etwas längeren Zeitraum in der Woche für die stille Praxis reservieren (z. B. einen Nachmittag oder Abend).

3) Kontakte knüpfen

o sich wöchentlich einmal mit (einem) gleichgesinnten Menschen über die Praxis austauschen,

o sich einer Gruppe anschließen, die regelmäßig praktiziert.

4) Hindernisse erkennen

○ Habe ich Angst vor dem Alleinsein während der Meditation?

○ Stellen die Rituale vor der Meditation eine Hürde dar?

○ Habe ich Zweifel an dem Sinn der Übung?

○ Traue ich mich nicht, etwas für mich zu tun?

○ Erwarte ich von mir, dass ich bei der Meditation sofort „Erfolg" habe?

Streben und Lassen

Es ist dies eine der spannendsten Paradoxien in der Achtsamkeitspraxis: Einerseits sollen wir entschlossen und tatkräftig uns bemühen, andererseits sollen wir alles loslassen und nur im Hier und Jetzt verweilen. Im ersten Fall handeln wir zielorientiert, im zweiten sind wir ohne Erwartungen und ganz auf den Moment ausgerichtet.

Besonders deutlich findet sich dieser Zwiespalt in dem wunderschönen Klassiker „Zen in der Kunst des Bogenschießens": Der Meister ermahnt den Schüler immer wieder, beim Schießen absichtslos zu sein. Bis der Schüler den Meister verzweifelt fragt: „Ich soll also absichtlich absichtslos sein!" – und der überraschte Meister einräumt, hierauf keine Antwort zu haben.[3]

Eine erste Lösung dieses Paradoxons besteht darin, den beiden Forderungen verschiedene Zeiten zuzuordnen: Ich beschließe <u>jetzt</u> zu meditieren, weil ich meinen Geist beruhigen und fokussieren will, aber wenn ich mich auf mein Kissen setze, <u>dann</u> übergebe ich mich ganz dem Lauf der Dinge. Bestenfalls wird die tägliche Sitzrunde so selbstverständlich, dass sogar die anfängliche Zielorientiertheit in den Hintergrund gerät.

Ähnlich ist es beim Einschlafen: Ich lege mich hin zum Ruhen, habe also ein Ziel, aber wenn ich dann im Bett liege, tue ich gut daran, den Wunsch des Schlafenwollens fallenzulassen.

---

[3] Eugen Herriegel: *Zen in der Kunst des Bogenschießens.* O.W. Barth-Verlag, S. 42.

Eine zweite Herangehensweise besteht darin, dem angestrebten Ziel nicht anzuhängen: In der Bhagavad Gita, dem großen Nationalepos der Inder, gibt es eine Stelle, in welcher der Krieger Arjuna, der Held dieses Liedes, dem Gott Krishna seine Zerrissenheit klagt. Und Krishna antwortet ihm, er solle sich das Ziel vornehmen, aber dem Ausgang nicht verhaftet sein. Er soll also nach dem Sieg streben, sich aber nicht darum kümmern, ob er ihn erringt. Dies macht deutlich, dass es eine Ausrichtung auf ein Ziel geben kann und gleichzeitig die Unbekümmertheit um das Erreichen des Ziels.

Dahinter steckt eine realistische Einschätzung der Wirklichkeit, da in der Regel zahlreiche Faktoren über Erfolg und Misserfolg entscheiden, von denen viele außerhalb unseres Einflussbereichs liegen.

Ein dritter Aspekt betont den Unterschied zwischen Haben und Sein: Es geht in unserer Praxis nicht darum, etwas zu haben oder zu erlangen (einen Zustand, eine Eigenschaft), sondern darum, Kontakt mit dem Sein aufzunehmen. Das Meditieren ist dann keine Methode, die auf ein Ziel gerichtet ist, sondern Selbstzweck, ein Seinszustand. Kurz gesagt: Unser Bemühen sollte nicht darauf gerichtet sein, <u>was</u> wir erleben, sondern <u>wie</u> wir es erleben.

Schließlich kann eine Analogie zum Bergsteigen die Paradoxie erhellen: Wir stellen uns einen Bergsteiger vor, der sich nur um das Erreichen des Gipfels kümmert. Alles andere ist für ihn unwichtig, wie der schöne Ausblick zwischendurch, die Gämsen und Blumen auf dem Weg. Er ist der Zielorientierte. Er bemisst seinen Fortschritt an der verbliebenen Entfernung zum Ziel.

Ein anderer Bergsteiger mäandert auf den Hängen herum, lässt sich von einem Sinneseindruck zum nächsten treiben: hier eine

Blume, dort ein Pilz, dann ein Vogelzwitschern. Er ist ganz im Jetzt verankert, aber er ist ohne Ziel und ohne Fortschritt. Er ist der Momentorientierte.

Die Synthese aus beiden Ansätzen könnte der Richtungsorientierte sein: Er will weiter nach oben. Aber es ist ihm nebensächlich, ob er den Gipfel erreichen wird und auf welchem Wege, ob es einen Gipfel überhaupt gibt. Er hat eine klare Richtung, aber er ist flexibel bezüglich des Ziels und des Weges. Für den schönen Ausblick oder den Ruf des Murmeltiers legt er eine Pause ein, er ist offen für die Eindrücke auf dem Weg. Seinen Fortschritt bemisst er nicht an der Entfernung zum Ziel, sondern an der Entfernung vom Ausgangspunkt. Er folgt einer Richtung und ist dennoch im Hier und Jetzt verankert. Ich nenne ihn richtungs- oder wegorientiert.

Dieser richtungs- oder wegorientierte Bergsteiger könnte ein Vorbild für unsere Übung sein. Wir wissen, wo es langgeht, und bemühen uns, die Richtung einzuhalten, aber durch welche Landschaften es uns führt, das wissen wir nicht. Wir sind offen für alles, was uns begegnet.

Auf dem Weg sein – das ist unsere Praxis.

Vertiefungen

Details der Achtsamkeit

Es ist mit der Achtsamkeit wie mit einer Landschaft – je mehr man sich ihr nähert, desto mehr Details schälen sich heraus. Die nähere Betrachtung der Achtsamkeit lässt verschiedene Aufgaben, Funktionsweisen und Eigenschaften erkennen. Je nach Situation kann die eine oder andere mehr zum Tragen kommen.

1) Bewusstheit

Achtsamkeit ist nicht nur auf das Erleben des gegenwärtigen Moments bezogen, sondern enthält auch eine Portion Bewusstheit dessen, was gerade erlebt wird. Sie kann also mehr sein als nur ein Aufgesogensein von der Erfahrung des Augenblicks.

Diese Bewusstheit ist kein analytisches Wissen, das auf Begriffen und Konzepten beruht. Man „weiß", da ist gerade Hören oder Sehen, ohne dass dafür Worte benutzt werden.

2) Überwachen der Geistestätigkeit („Monitoring")

Achtsamkeit kann die Aufgabe eines Wächters annehmen, der den Überblick über die einströmenden Impulse und Erlebnisse behält. Dadurch eröffnet sich ein Freiraum, in dem jederzeit entschieden werden kann, ob ein Gedanke oder eine Handlung fortgesetzt werden soll oder nicht.

Diese überwachende Funktion ist wie eine Aufmerksamkeit auf einer höheren Ebene. Sie kann schädliche Einflüsse in Form negativer Vorstellungen fernhalten und dabei helfen, sich suchtnahen Impulsen zu entziehen. Sie ermöglicht das Aufrechterhalten der Konzentration und die Wachheit für den sozialen Kontext.

3) Aufmerksamkeitssteuerung

Mithilfe der Überwachungsfunktion kann die Aufmerksamkeit bewusst auf konkrete Objekte gelenkt werden. Wir sind nicht mehr den spontanen Sprüngen des Geistes ausgeliefert, sondern werden zu bewusst steuernden Akteuren.

4) Sammlung, Konzentration

Zur Achtsamkeit gehört Konzentration in einem entspannten und freundlichen Sinn. Sie äußert sich in Stabilität der Aufmerksamkeit, bleibt von Ablenkungen unberührt. Die Fokussierung auf das jetzige Geschehen erhöht auch die Intensität der Erfahrungen. Man nimmt am Leben teil, mit all seinen Höhen und Tiefen. Dies stärkt bei angenehmen Erlebnissen das Glücksgefühl. Es erfordert aber auch den Mut, sich den unangenehmen Erscheinungen zu öffnen.

Konzentration wird auch empfunden als eine Bündelung aller Aufmerksamkeitskanäle, taucht dann tief in die Erfahrungen ein. Sie kann dabei so dicht an den Erscheinungen andocken, dass Konzepte und Vorstellungen in den Hintergrund geraten und nur die reine Sinneserfahrung übrig bleibt.

Zuweilen kann die Sammlung so scharf werden, dass man gewissermaßen in „Echtzeit" alle Regungen des Geistes erfährt, all die Gedankenimpulse und Sinneseindrücke, wie sie in atemberaubendem Tempo schwanken und kommen und gehen. Hohe Wachheit und innere Stille ermöglichen solche Erfahrungen. Als Erkenntnis bleibt, in welch ungeheurem Maße unser Geist weitgehend unbemerkt von uns arbeitet.

5) Lösung der Identifikation

Achtsamkeit lockert die Ichbezogenheit der Erfahrungen. Die Dinge werden weniger persönlich genommen. Sowohl Niederlagen als auch Erfolge, sowohl Schmerzen als auch Freuden. Anstelle von „ich bin wütend" tritt „da ist Wut". Die Rolle des eigenen Ichs erfährt eine Neubewertung. Dies wird als Erleichterung erlebt, als Befreiung von der Gebundenheit an Vorlieben und Abneigungen.

Enger Fokus – weites Feld

Man kann Meditationen in zwei Arten einteilen: solche mit engem Fokus und solche mit offenem Gewahrsein. Sie können zu sehr verschiedenen Erfahrungen führen.

Der enge Fokus wird oft bevorzugt, um den Geist zu beruhigen. Wir wählen ein Objekt, zum Beispiel den Atem oder ein Mantra (innerlich gesprochene Silbe), und lassen alle anderen Wahrnehmungen unbeachtet. Dies wird oft auch als Konzentrations- oder Sammlungsmeditation bezeichnet.

Dabei sollten die „störenden" Einwirkungen anderer Objekte nicht krampfhaft weggedrückt werden, da dies Energie kostet, die Leichtigkeit nimmt und den Geist zu sehr beschäftigt. Stattdessen ist es zweckmäßig, mit der Vorstellung zu üben, dass man sich für die anderen Wahrnehmungen nicht interessiert. Man schenkt ihnen keine Aufmerksamkeit. Die Meditation mit engem Fokus ist somit vielleicht mehr ein Loslassen des Anderen als ein Fixieren des Einen.

Nur wenn andere Sinnesreize sich sehr stark in den Vordergrund drängen, geht man zeitweilig auf sie ein. Man nimmt sie zur Kenntnis, wendet sich ihnen vielleicht sogar bewusst zu, bis sie wieder schwächer werden. Dann kehrt man unbekümmert zum gewählten Meditationsobjekt zurück.

Der Einstieg in diese Art der Meditation kann als ein entschlossener und aktiver Akt der Bündelung aller Kanäle der Aufmerksamkeit aufgefasst werden. Es ist aber ebenso möglich, einen eher passiven Zugang zu wählen, bei dem man sich auf das Objekt einlässt, man sich von dem Objekt einnehmen oder anziehen lässt.

Letzterer ist besonders dann zu bevorzugen, wenn zu viel Anstrengungen und Erwartungen im Spiel sind.

Im Gegensatz zum engen Fokus wird bei der Meditation im offenen Gewahrsein kein Objekt der Aufmerksamkeit ausgewählt. Man ist offen für alle Sinneseindrücke. Alle Erscheinungen des Wahrnehmungshorizontes werden zum Objekt der Achtsamkeit. Man spricht auch vom ungerichteten Gewahrsein.

Leicht kann es hierbei passieren, dass die Attraktivität der Erscheinungen den Geist dazu verführt, in Gedankenketten und konzeptionelle Vorstellungen abzugleiten. Ein Geräusch ist dann nicht nur ein Geräusch, sondern wird mit einem Auto identifiziert, daran knüpft sich unbemerkt der Gedanke an die zukünftige Urlaubsreise, und schon ist eine ganze Assoziationskette in Gang gesetzt.

Deshalb ist es hier besonders wichtig, die Unmittelbarkeit der Wahrnehmungen anzustreben, wie dies auch beim engen Fokus der Fall ist. Das bedeutet, es beim Hören wirklich beim Geräusch zu belassen. Die Tonhöhe, Farbe oder Lautstärke genau zu erleben, ohne sie gedanklich zu analysieren oder mit Vorstellungen zu verbinden.

Die Verursacher der Empfindungen verlieren so ihre Attraktion, die Autos und Blumen und Menschen. Stattdessen rücken die Sinnesempfindungen in den Vordergrund: Farben und Formen und Laute. Wir tauchen dabei tief in das Erleben ein, statt uns mit Vorstellungen vom Erleben zu befassen.

Besonders wirkungsvoll ist es hier, das Entstehen und Vergehen dieser Erscheinungen zu verfolgen, die Schwankungen eines Geräuschs genau wahrzunehmen. Die Aufmerksamkeit heftet sich sozusagen an den Vorgang des Wandels. Auch dies hilft, sich von gedanklichen Konzepten fernzuhalten. Dies führt zu großer Leichtigkeit und einem Gefühl der Durchlässigkeit, da man nicht mehr an den Objekten haften bleibt und somit wirklich frei wird für das Erleben des nächsten Augenblickes.

Die Meditation des offenen Gewahrseins wird manchmal als ein unwillkürliches Springen der Aufmerksamkeit von einem Objekt zum nächsten erfahren. Ein anderes Mal kann die Aufmerksamkeit eher in einem allgemeinen Wachsein bestehen, innerhalb dessen all diese Erscheinungen ablaufen. Der Fokus liegt dann auf der Aufmerksamkeit an sich.

Einen interessanten Ansatz schlägt der burmesische Meditationsmeister U Tejaniya vor. Da der Geist immer irgendetwas wahrnimmt, besteht die Aufgabe nur darin, ihn seine Arbeit machen zu lassen, sich dabei zurückzulehnen und seine Tätigkeit zu beobachten. Der Geist nimmt den Geist in den Fokus.

Beide Formen der Meditation sind wertvoll: Der enge Fokus stärkt die Stille und Sammlung des Geistes, die offene Form verbindet uns mit dem äußeren Geschehen und kann tiefe Einsichten über das Leben vermitteln. In der ersten Form sind wir eher auf eine ruhige Umgebung angewiesen, die zweite lässt sich auch im Trubel der öffentlichen Verkehrsmittel anwenden.

Für viele Praktizierende ist das Meditieren mit engem Fokus der leichtere Zugang zur Beruhigung des Geistes. Deswegen wird er oft zu Beginn eingesetzt, sei es für die ersten 15 Minuten einer Meditation oder vollständig in den ersten Monaten. Darauf aufbauend wird dann der Horizont langsam geöffnet bis hin zum offenen Gewahrsein.

Andere Menschen fühlen sich von Anfang an sehr wohl im offenen Feld der Aufmerksamkeit und erleben dort ein umfassendes

Loslassen. Zur weiteren Vertiefung der Konzentration gehen sie dann zusätzlich immer wieder zum engen Fokus über.

Selbstverständlich gibt es auch viele Zwischenformen: halboffener Fokus mit dem Atem als Teil der Körperempfindungen. Oder eine Kombination von eng und offen: Der Atem als Anker im Hintergrund, während im Vordergrund die Sinnesfluten toben.

Enger Fokus und offenes Gewahrsein – zwei wunderbar sich ergänzende Meditationsformen.

Konzentration

Konzentration ist ein wesentlicher Bestandteil der Achtsamkeit. Jedoch ranken sich um den Begriff der Konzentration einige Missverständnisse, weil verschiedene seiner Aspekte betont werden und er dadurch unterschiedlich verstanden wird.

Einmal kann Konzentration bedeuten, dass der Fokus der Aufmerksamkeit verengt wird und andere Wahrnehmungen ausgeblendet werden: wie ein Scheinwerferkegel, den man zu einem kleinen Objekt bündelt. Dies kommt am ehesten seiner wörtlichen Bedeutung nahe: im Sinne eines Zusammenführens zu einem Zentrum (kon-zentrisch).

Eine weitere Bedeutung meint die Schärfe oder Intensität der Aufmerksamkeit. Der konzentrierte Geist kann so dicht an den Erscheinungen dran sein, dass kleinste Veränderungen, etwa eines Geräusches, minutiös wahrgenommen werden. Man könnte sagen, dass die „Wahrnehmungsrate" (Wahrnehmungen pro Sekunde) besonders hoch ist. Oft wird so ein Zustand als zeitlupenartig verlangsamt erlebt. In der Scheinwerfer-Analogie ist dann das Licht extrem hell und beleuchtet alle Details.

Die dritte Bedeutung der Konzentration drückt die Unablenkbarkeit des Geistes aus, wenn zum Beispiel beim Arbeiten keine störenden Gedanken aufkommen oder Geräusche keine Ablenkung von der jeweiligen Tätigkeit bewirken können. Der Scheinwerfer ist beständig am Leuchten, es gibt kein Aussetzen, Flackern oder Umherschweifen.

Für die Achtsamkeit ist der letzte der drei Punkte entscheidend. Die Konzentration verhilft der Achtsamkeit dazu, ganz im gegenwärtigen Moment zu bleiben, sich durch Störungen nicht vom jetzigen Erleben ablenken zu lassen. Im günstigen Fall kann der zweite Punkt, die Schärfe der Aufmerksamkeit, hinzutreten – muss aber nicht.

Die erste Deutung, die Verengung des Fokus der Aufmerksamkeit, ist hingegen für die Qualität der Achtsamkeit nicht von Belang. Achtsamkeit kann sowohl mit engem Fokus als auch mit einem weit geöffneten Horizontblick praktiziert werden, in dem alle Erscheinungen enthalten sind. Beide Varianten werden natürlich unterschiedlich erlebt.

Achtsamkeit ist aber mehr als Konzentration. Je nach Kontext kommen Entspanntheit, Freundlichkeit und Akzeptanz den Erfahrungen gegenüber hinzu, ebenso ein behutsamer Gebrauch von Bewertungen. Von großer Bedeutung für die Achtsamkeit ist die Bewusstheit des gegenwärtigen Erlebens: Man wird nicht aufgesogen von der Erfahrungen, sondern ist sich dessen bewusst, was gerade erlebt wird.

Grundsätzlich wird das Wort Konzentration von Achtsamkeitslehrenden oft gemieden, weil mit ihm schnell Angestrengtheit und Verkrampfung assoziiert werden. Die Konzentration, die für die Achtsamkeit benötigt wird, ist jedoch leicht und entspannt. Deswegen wird meist der Begriff Sammlung anstelle von Konzentration bevorzugt.

Sammlung wird nicht erzwungen, sondern eher mit der Vorstellung erzielt, dem Geist den Weg zu zeigen, die herumtreibenden Gedanken entschlossen loszulassen und sich dem Meditationsobjekt hinzugeben. Man schenkt den Ablenkungen keine Beachtung und fördert stattdessen das Interesse für das gewählte Objekt.

Forschergeist

Zum Bemühen um Achtsamkeit und Konzentration gesellen sich schnell Anstrengung und Pflichtgefühl. Dann entsteht ein unangenehmer Beigeschmack, es riecht nach „Arbeit". Ein Wandel der Perspektive kann hier Wunder bewirken: die Welt mit den Augen eines Forschers zu sehen!

Die Welt erforschen, das bedeutet: die Vielfalt der Sinneseindrücke erfahren, den Wandel der Dinge hautnah erleben, staunen über die Fähigkeit zu hören, zu sehen, zu schmecken!

Und dabei den Erscheinungen auf den Grund gehen: Wie fühlt sich ein Schmerz an, wenn ich ihn <u>nicht</u> weghaben will, wenn ich ihn nur erforschen will? Worin besteht eigentlich das Unangenehme des Schmerzes? Oder beim Essen von Schokolade: Die Zunge spürt sie, aber wo fühle ich das Glück? Und während ich gerade mit geschlossenen Augen meditiere: Woran kann ich merken, dass ich sitze? Wie erspüre ich den Atem?

Mit der Perspektive des Forschers wird die Welt plötzlich bunt und strahlend, auch in ihren langweiligsten Umgebungen. Jeder Moment wird zum überraschenden Ereignis und man beginnt zu staunen über Dinge, die einem noch nie aufgefallen sind.

Und was gibt es nicht alles an interessanten Objekten: die Farben und Formen, die Geräusche und Gerüche! Vor allem der eigene Geist ist eine Fundgrube an unentdeckten Herrlichkeiten: Wie fühlt sich Langeweile an, wie erlebe ich Sehnsucht? Wo fühle ich diese Affekte? Auch die Launen des Geistes sind vor dem Forscherauge nicht sicher: Sprunghaftigkeit, Ablenkbarkeit, Ungeduld ...

Diese Fragen erwarten keine rationalen Antworten, sie werden durch die Erfahrung beantwortet, durch das nackte Erleben.

Die Wirkungen des Wechsels zur Forscherperspektive sind wunderbar: In dem Moment, in dem ich ein Phänomen erforsche, entwickle ich Interesse; ich erkenne es an und akzeptiere seine Existenz – ein Hauch von Sympathie umgibt das Objekt. Die Konzentration stellt sich dann von selbst ein, als Folge des Interesses. Und diese Konzentration geschieht mit Leichtigkeit, ohne Stirnrunzeln und hochgezogene Schultern. Sie wird freudvoll erlebt und verliert ihren angestrengten Beigeschmack.

Die Forscherperspektive sorgt für Akzeptanz auch bei unangenehmen Erfahrungen. Sie öffnet uns für den Schmerz: Wir wandeln uns vom Opfer zum Beobachter, vom Erleidenden zum Erkennenden. Wir haben den Schmerz genau im Blick und stehen dennoch nicht in seinem Bann.

Auf diese Weise kann auch aus einer „misslingenden" Meditation eine „gute" werden, indem wir die Unruhe oder die Schläfrigkeit des Geistes erforschen. Wie fühlen sich diese Zustände an? Wie reagiere ich darauf?

Das größte Geschenk, das der Forschergeist bereithält, ist die Erkenntnis des Wandels der Erscheinungen. Gemeint ist hier nicht das abstrakte Wissen um den Wandel, sondern die tiefe Einsicht, die aus der erlebten Erfahrung gewonnen wird. Sie kristallisiert nicht zu Worten und Kategorien, sondern dringt als intuitive Erkenntnis in unser Innerstes. Die Dinge sind vergänglich und entstehen ständig neu, ihr Wandel geschieht ohne unser Zutun und lässt uns machtlos und staunend zurück – wie aus einem Moment sich der nächste herauslöst, um dann nie wieder zu erscheinen. Je eindringlicher diese Einsicht bei uns landet, desto gelassener und stiller können wir den Herausforderungen des Alltags begegnen.

Dementsprechend können wir den Wandel selbst zum Objekt des Forschens machen und immer wieder die Frage stellen: Wie entsteht die Erscheinung? Wie verändert sie sich? Wie lange spüre ich die Süße der Schokolade, wie wandert der Schmerz?

Ganz besonders ergreifend kann es sein, die kurzen Momente der Stille zu erforschen, in die der Geist, oft kaum merklich, hineintaucht. Vielleicht gerade in der Pause zwischen Ausatmen und Einatmen. Auch das JETZT, diesen gerade geschehenden Moment, in seiner punktuellen Einzigartigkeit erfassen – kann man das JETZT fühlen? Sogar das Bewusstsein selbst kann erforscht werden: das Spüren, das ich jetzt spüre, dass da jetzt Bewusstheit ist. Woran merke ich, dass ich gerade wach bin und nicht träume?

Und wenn uns beim Meditieren die Gedanken stören und sich überschlagen – auch sie lassen sich als Forschungsobjekt verwerten: Ist das Denken schnell oder langsam, eindringlich oder flüchtig? Ist da Denken mit oder ohne Bilder, mit oder ohne Sprache?

Die Bahiya Sutra

Bahiya war ein indischer Asket, der einen langen Weg auf sich nahm, um den Buddha um Unterweisung zu bitten. Der Buddha war gerade bei seinem Almosengang und wollte nicht gestört werden. Bahiya aber drängte, und nach dreimaligem Bitten entschloss sich der Buddha, ihm nachzugeben. Er fasste seine Lehre zu diesen berühmten Sätzen zusammen:

> *Wann immer Du etwas siehst – belasse es beim Sehen.*
> *Wann immer Du etwas hörst – belasse es beim Hören.*
> *Wann immer Du etwas wahrnimmst –*
> *belasse es beim Wahrnehmen.*
> *Wann immer Du etwas denkst –*
> *belasse es beim Vorgang des Denkens.*
> *So sollst Du Dich üben.*[4]

Unsere Sinneswahrnehmung durchläuft einen Verarbeitungsprozess, der das Erlebte im Sinne eines kohärenten Weltbildes deutet. Wir hören ein Motorgeräusch und erkennen schnell, dass es von einem Auto kommt. Das Geräusch wird lauter – offenbar kommt das Auto näher.

Aus simplen Sinneswahrnehmungen wie Geräuschen, Seheindrücken und Gerüchen werden Autos, Blumen und Fischgerichte. Diese Deutungen und Konzepte sind notwendig für das Zurechtfinden in unserer Umwelt. Andererseits können sie verzerrend wirken und eine erhebliche Eigendynamik entwickeln.

---

[4] Udana 1.10, PTS: Ud6, zitiert nach Amaro Bhikkhu, *Small Boat, Great Mountain*, Abhayagiri Buddhist Monastery, 2003, 3. 19, Übersetzung C. Mannewitz

Besonders deutlich wird dies bei den Interpretationen, die das Erlebte in Bezug auf das Ich deuten: Das Auto kann mir gefährlich werden, ich sollte schnell die Straße überqueren. Oder: Der Sound ist gut, ich möchte so gerne mal einen Zwölfzylinder besitzen.

Diese Interpretationen wirken wie Filter, sie färben die Wahrnehmung durch die Brille der eigenen Wünsche und Sorgen. Sie fügen den Blumen den Wunsch nach einem Garten hinzu und den Fischgerichten die Sorge um die Gesundheit. Und mein Gegenüber wird in Bezug auf die eigenen Wünsche und Befürchtungen eingeschätzt: Er könnte mir gefährlich werden oder nützlich sein. Ganze Geschichten heften sich auf diese Weise an die Sinneswahrnehmungen an.

Achtsamkeit kann diese Geschichten und Konzepte durchschauen. Sie macht die Filter und Deutungen transparent und befähigt uns, sie bei Bedarf fallenzulassen. Ich kann mich an den Blumen erfreuen, so, wie sie sind, ohne weitere Hintergedanken mit ihnen zu verbinden. Und der Fischgeruch sagt mir lediglich, dass es dort Fisch gibt. Mein Gegenüber wird in seinem Menschsein gesehen, ohne dass seine Erscheinung in mir Ängste oder Erwartungen auslöst. Dies geht einher mit einer großen Erleichterung – die unnützen Geschichten versiegen, die Last des Ichbezugs fällt ab.

Keinesfalls ist dies gedacht als Anleitung, ein Leben ohne Konzepte und Gedanken zu führen! Diese sind natürliche Funktionen unseres Geistes. Vielmehr geht es darum, zum Meister der Gedanken zu werden, indem wir sie erkennen und dann frei entscheiden können, ob wir das denken wollen, was der Geist uns gerade vorschlägt.

Im japanischen Zen-Buddhismus wird oft folgende Geschichte erzählt, die man als Umschreibung der Bahiya Sutra sehen kann: Ein Meister wird gefragt, worin denn der Unterschied zwischen einem Meister und einem Schüler besteht. Er sagt: Wenn ich esse, dann esse ich – wenn ich gehe, dann gehe ich. Auf den Hinweis, dass doch alle dies so machen, entgegnet er: Nein, ihr denkt an alles Mögliche, während ihr esst, und beschäftigt euch mit Vergangenheit und Zukunft, während ihr geht.

Vedana

Es war ein geschickter Schachzug der Evolution, uns mit der Fähigkeit auszustatten, Wahrnehmungen als angenehm oder unangenehm zu empfinden. Mit dieser Unterscheidung verlieh sie uns den Motor, der unser ganzes Handeln antreibt: unaufhörlich nach angenehmen Erfahrungen zu suchen und die unangenehmen zu meiden.

Ob Gedanken, Körperempfindungen oder Gefühle, sie werden sofort von unserem Gehirn mit „angenehm" oder „unangenehm" belegt – oder mit keinem von beiden. Diese Zuordnung erfolgt so schnell, dass wir sie in der Regel als gleichzeitig mit der Sinneswahrnehmung erleben. Wir tendieren deshalb beispielsweise dazu, das Angenehme des Rosendufts der Rose selbst zuzuschreiben, obwohl es der eigene Geist ist, der diese Bewertung vornimmt.

Im Buddhismus nennt man diese drei Kategorien – angenehm, unangenehm und neutral – „Vedana". Man könnte sie mit „Grundbewertungen" übersetzen, was jedoch unüblich ist. Zuweilen werden sie mit „Gefühlen" oder „Gefühlstönungen" übersetzt, was wiederum missverständlich ist. Deswegen bleibe ich bei dem Wort „Vedana".

Die Vedana sind zwischen Reiz und Reaktion angesiedelt. Sie entstehen unmittelbar nach dem Reiz und lösen dann die Reaktion aus: das Haben- oder Halten-Wollen, das Vermeiden oder Weghaben-Wollen. Wenn die Erfahrung weder als angenehm noch als unangenehm eingestuft wird, bezeichnen wir sie als neutral. In diesem Fall tendiert der Geist dazu, den Reiz zu übersehen.

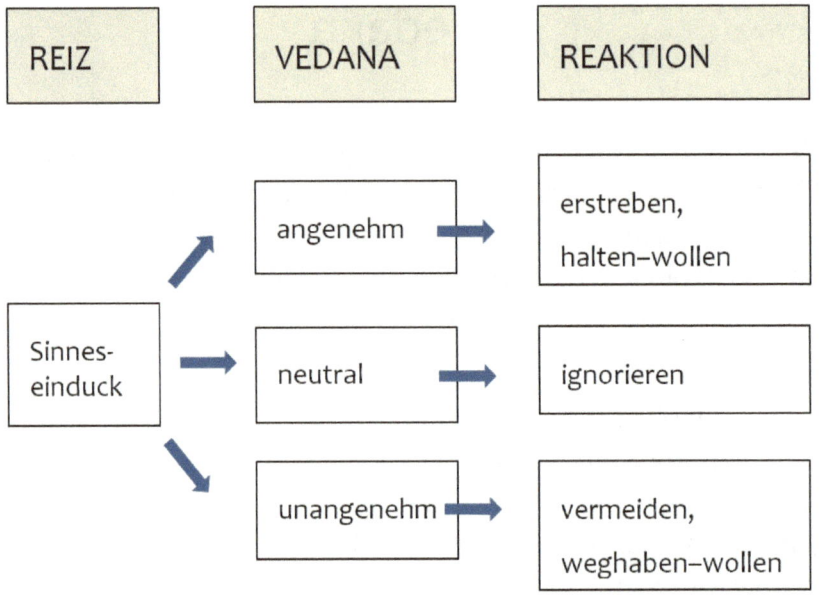

Vedana sind nützlich, solange sie uns zu sinnvollen Handlungen bewegen: Nahrungsaufnahme, Kommunikation, Ruhepausen, Fortpflanzung etc. sind für uns biologisch wichtige Tätigkeiten. Dass sie in der Regel von angenehmen Empfindungen begleitet werden, sichert unser Überleben. Kritisch wird es hingegen, wenn angenehme Vedana uns zu Handlungen verleiten, die uns oder anderen schaden.

In einem berühmten Experiment im Jahre 1954 untersuchte der Psychologe James Olds das Verhalten von Ratten. Er gab ihnen die Möglichkeit, durch Knopfdruck Glücksgefühle zu erzeugen, die ihnen durch Elektroden vermittelt wurden. Sie erlernten den Zusammenhang zwischen Knopfdruck und Glücksgefühl sehr schnell und drückten in der Folge so ausgiebig den Knopf (bis zu 8000-mal pro Stunde), dass sie darüber Essen, Schlafen und sogar Sex vergaßen und schließlich zusammenbrachen. Dies steht exemplarisch für Suchtverhalten.

Beispiele für das schädliche Festhalten an positiven Vedana: Die Kinder nicht loslassen können, den Alterungsprozess nicht akzeptieren wollen, mit dem Essen nicht aufhören können. Auch Zwangshandlungen und Kontrollwahn sind Beispiele für die Angst vor dem Verlust des Angenehmen und Vertrauten. Streng genommen trägt jede angenehme Situation schon den Keim des Leidens in sich, da der Mensch diese Situation unwillkürlich festhalten will.

Negative Vedana können ebenfalls nützlich sein: Schmerzen warnen uns vor Gefahren, Einsamkeit treibt uns zur Kontaktaufnahme, Ekelgefühl hilft uns, verdorbene Nahrung zu meiden. Aber sie können uns auch in die Irre führen: Missempfindungen verleiten uns dazu, unangenehm belegte Handlungen aufzuschieben oder bedrückende Realitäten zu verleugnen. Auf manche quälende Gefühle (ausgelöst etwa durch eine Kränkung) reagieren wir reflexartig mit Aggression, Angst vor dem Ungewissen engt unser Leben ein, Versagensängste treiben uns vor sich her.

Besonders heimtückisch können unbewusste negative Vedana wirken; sie beeinflussen unbemerkt unsere Stimmung und unser Verhalten. Allein die Erkenntnis, dass dieses oder jenes Gefühl gerade unangenehm ist, kann schon für Linderung und Befreiung sorgen.

Erlebnisse der dritten Kategorie der Vedana – die neutral bewerteten – werden leicht übersehen und mithilfe des „Autopiloten" abgespult. So versäumen wir wertvolle kleine Momente des Alltags, verpassen regelrecht das Leben. Und das Lechzen nach aufregenden Inhalten führt zum unruhig umherwandernden Geist.

Vedana gibt es in verschiedenen Ausprägungen: Sie können in unserer genetischen Ausstattung tief verankert sein (z. B. manche Ekelgefühle), wir können sie aber auch im sozialen Kontext erworben haben (z. B. Bewertungen von Kleidungsstücken, Musik).

Die Rolle der Achtsamkeit liegt darin, die Vedana zu erspüren und eine Lücke zwischen Vedana und Reaktion zu kreieren, sodass wir versuchen können,

- o den angenehmen Erlebnissen nicht bedingungslos nachzurennen, sie nicht festhalten zu wollen;

- o die unangenehmen Erfahrungen nicht immer meiden zu wollen, sie akzeptieren zu können mithilfe von Gelassenheit, Vertrauen und Offenheit;

- o bei neutralen Erlebnissen die Bewusstheit zu schärfen, um mehr Wachheit, Dankbarkeit und Einsicht zu erhalten.

Je schärfer wir die Vedana beobachten, desto deutlicher tritt unser Gefangensein zwischen diesen beiden Polen zutage – und desto ausgeprägter kann das Bedürfnis erwachsen, aus diesem Hamsterrad auszusteigen.

Vedana zu beobachten führt uns zu der Erkenntnis, dass das Angenehme und das Unangenehme nicht in den Dingen an sich liegen, sondern Zuschreibungen unseres Geistes sind. Eine Berührung durch eine andere Person ist nicht von vornherein angenehm oder unangenehm, ihre Wirkung auf uns hängt vielmehr vom Kontext und dem Verhältnis zu der Person ab. Das Abhandenkommen eines wertvollen Gegenstandes kann als Verlust oder als Befreiung empfunden werden.

Epiktet, ein antiker Philosoph des ersten vorchristlichen Jahrhunderts, der ursprünglich Sklave war, sagte:

Es sind nicht die Dinge, die uns beunruhigen,
sondern unsere Sicht auf die Dinge.[5]

Vedana zu durchschauen gibt uns Freiheit, indem wir auf einen Reiz hin nicht in einen Automatik-Modus verfallen, sondern innehalten. Wir erkennen das Unangenehme des Reizes, eines Schmerzes oder einer Emotion und können überlegt reagieren. Wir werden nicht mehr getrieben von unbewussten Reflexen, sondern entwickeln die Freiheit, echte Entscheidungen zu unserem Wohl zu treffen.

Der österreichische Psychiater und Neurologe Viktor E. Frankl drückte es so aus:

Zwischen Reiz und Reaktion gibt es einen Raum.
In diesem Raum hat der Mensch die Freiheit und die Fähigkeit,
seine Reaktion zu wählen.
In diesen Entscheidungen liegen unser Wachstum und unser Glück.[6]

Vedana zu beobachten kann einem die innere Stille erschließen, in der unangenehme Erfahrungen gleichmütig erlebt werden – man nimmt ihr Kommen und Gehen genau wahr, aber sie bekümmern einen nicht mehr.

Das Erkennen von Vedana ist eine anspruchsvolle, aber sehr wirksame Methode zur Selbsterkenntnis. Eine Übungsaufgabe dazu ist, für eine Stunde des Alltags oder vielleicht sogar für einen ganzen Tag die Vedana als Hauptfokus zu wählen. Als Hilfe kön-

---

[5] Epiktet: Handbüchlein der Moral, Kap 1 (5)
[6] Zitiert nach https://finanzwelt.de/zwischen-reiz-und-reaktion/

nen dabei kleine, innerlich geflüsterte Etiketten dienen: „angenehm", „unangenehm", „neutral".

Vedana – wenn wir sie nicht bemerken, steuern sie uns – wenn wir sie bemerken, haben wir die Chance, unser Leben zu gestalten. Der historische Buddha ging sehr weit mit seinen Anweisungen zu den Vedana. Er forderte von seinen Schüler/-innen:

Beim angenehmen Gefühl
ist die Neigung zum Begehren aufzugeben,
beim unangenehmen Gefühl die Neigung zum Widerstreben
und beim neutralen Gefühl die Unbewusstheit.[7]

---

[7] Majjhima-nikaya 44; I.p.303, in Vimalo Kulbarz: Eine Handvoll Blätter, Roseburg 1995, S. 61

Schmerz und Widerstand

Wenn wir Schmerzen erfahren, entsteht in uns unmittelbar ein Widerstand gegen sie. Er hat das Ziel, die Ursache des Schmerzes zu beseitigen. Solange es eine Chance gibt, diese Ursache zu beseitigen, ist dies eine sinnvolle Reaktion.

Wenn es jedoch in diesem Moment keine Aussicht gibt, den Schmerz durch äußere Maßnahmen zu lindern, ist der Widerstand gegen ihn nicht nur nutzlos, sondern auch eine Quelle zusätzlichen Leids. Besser wäre es in dieser Lage, sich dem Schmerz auszuliefern, ihn bedingungslos zu akzeptieren.

Zu dieser Erkenntnis sind Menschen vermutlich zu allen Zeiten und in allen Kulturen gelangt, und sie wurde in vielerlei Worten ausgedrückt. Es stellt jedoch eine ungeheure Herausforderung dar, diese Gelassenheit und diesen Gleichmut gegenüber dem Schmerz einzunehmen, hier sind zuweilen geradezu übermenschliche Qualitäten gefordert.

Sich dem Schmerz bedingungslos auszuliefern, lässt sich jedoch auch in kleinem Maßstab üben. So kann man zum Beispiel versuchen, eine unangenehme körperliche Empfindung in der Meditation nicht durch Verändern der Körperhaltung abzuwenden, sondern mit entspannter Wachsamkeit und großmütigem Wohlwollen mit in das Gewahrsein einbeziehen.

Man sollte sich hiermit jedoch nicht überfordern und nicht mit der Erwartung herangehen, dies sofort oder jederzeit umsetzen zu können. Zuweilen kann es angebracht sein, der großen Frustration vorzubeugen und sich mit einer anderen Position Linderung zu verschaffen. Eine aufrichtige Einschätzung der Lage hilft, eine Balance zwischen mutigem Experimentieren und fürsorglicher Nachsicht einzunehmen.

Der historische Buddha verglich den Widerstand gegen den Schmerz mit einem zweiten Pfeil: Der erste Pfeil sei derjenige, der den primären Schmerz verursacht. Den zweiten Pfeil füge sich der Verletzte selbst zu durch seinen Widerstand und Gedanken wie *„Warum ich? Ich will den Schmerz nicht! Was wird aus mir werden? Wer hat Schuld?"* In buddhistischen Kreisen wird dies extrem verkürzt manchmal so ausgedrückt: *Leiden = Schmerz x Widerstand.*

Eine besonders prägnante Darstellung findet sich bei Anne Morrow Lindbergh. Sie war die Ehefrau von Charles A. Lindbergh, dem Erstüberflieger des Atlantiks. Anne war selbst Flugpionierin und hoch geehrte Schriftstellerin und absolvierte mit ihrem Mann zahlreiche abenteuerliche Flüge. Als Mutter von sechs Kindern schrieb sie über den Geburtsschmerz:

> *Geh mit dem Schmerz, lass ihn dich ganz überschwemmen ... öffne deine Hände und deinen Körper für den Schmerz. Er kommt in Wellen wie das Meer. Du musst offen sein wie ein Gefäß, das am Strand liegt und sich füllen lässt. Dann zieht er sich wieder zurück und lässt dich liegen, leer und klar. ... Mit einem tiefen Atemzug – der so tief sein muss wie der Schmerz – erlangt man die innere Freiheit vom Schmerz, als wäre der Schmerz nicht deiner, sondern einfach nur der deines Körpers.*[8]

Wenn es gelingt, den Widerstand gegen den Schmerz aufzugeben, bieten sich zwei Optionen für die Steuerung der Achtsamkeit

---

[8] Zitiert nach: Jack Kornfield: *Das weise Herz – die universellen Prinzipien buddhistischer Psychologie,* München 2008, S. 166

an. Die erste besteht darin, sich allen Erscheinungen so weit zu öffnen, dass der Schmerz nur noch als ein Teil des gesamten Geschehens wahrgenommen wird. Wir hüllen den Schmerz in ein großes wohlwollendes Gewahrsein ein, in dem auch alle anderen Sinnesempfindungen Platz finden. Dies ist eine große Herausforderung an die Aufmerksamkeit, da es eine typische Eigenschaft des Schmerzes ist, den Fokus auf sich zu ziehen.

Bei der zweiten Option im Umgang mit Schmerz wird der Fokus verengt und die volle Aufmerksamkeit der unmittelbaren Schmerzempfindung geschenkt. Dabei müssen wir alle Gedanken und Vorstellungen über den Schmerz vermeiden. Stattdessen erforschen wir die flüchtige Natur des Schmerzes, rücken ganz dicht an seine physischen Eigenschaften heran. Wir erleben den Schmerz so, wie er eigentlich ist, bevor unsere Bewertung ihn als unangenehm klassifiziert. Das Unangenehme wird als ein Beitrag des Geistes erkannt, und vom Schmerz bleibt eine rein körperliche und unpersönliche Erscheinung der Natur. Auf diese Weise verliert er seine Macht über uns.

Auch diese Herangehensweise ist herausfordernd, da die Zuwendung zum Schmerz Überwindung kostet und ihn zunächst verstärkt erscheinen lässt. Im nächsten Kapitel wird dieser Umgang mit dem Schmerz in einzelnen Schritten erläutert.

Schmerz im Fokus

Achtsamkeit kann wertvolle Erfahrungen im Umgang mit körperlichen Schmerzen vermitteln. Diese helfen, den Schmerz aus einer anderen Perspektive wahrzunehmen, die mit weniger Leiden verbunden ist. Die formelle Meditation bietet die Gelegenheit, diesen Umgang mit mäßigen Schmerzen in einem geschützten und begrenzten Rahmen zu üben.

Dabei muss Überforderung vermieden werden. Sowie die Schmerzen überhand nehmen, ist es angemessen, sich mit Schmerzmitteln, Veränderungen der Sitzposition, Ablenkungen oder anderen Maßnahmen Linderung zu verschaffen. Ebenso wird vorausgesetzt, dass gegebenenfalls medizinische Maßnahmen eingeleitet worden sind. Der hier vorgeschlagene Weg dient nicht der Eliminierung der Schmerzen oder ihrer Ursachen, sondern beschreibt eine Übung für den achtsamen Umgang mit ihnen.

1) Entspannung

Am Anfang steht die körperliche Entspannung. Sie ist die Basis für alle weiteren Schritte, und es empfiehlt sich, sie sich immer wieder ins Gedächtnis zurückzurufen. Hilfreich ist auch, das Wohlgefühl im Moment des Entspannens bewusst wahrzunehmen – der Geist wird sich dadurch in Zukunft umso eher der Entspannung zuwenden wollen.

2) Bedingungslose Akzeptanz

Der Widerstand gegen den Schmerz lässt ihn größer und bedeutender werden. Für den hilfreichen Umgang mit Schmerz ist deshalb bedingungslose Akzeptanz eine notwendige Voraussetzung. Dabei kann die Vorstellung helfen, sich für einen großen Raum zu öffnen, in den hinein der Schmerz sich ausdehnen darf, in dem aber auch alle anderen Sinnesempfindungen Platz haben dürfen.

3) Fallenlassen von Gedanken und Vorstellungen

Sehr schnell assoziiert der Geist mit der Schmerzwahrnehmung eine Geschichte: Der Knieschmerz wird als Arthrose-Schmerz erkannt, der zurückgebildete Knorpel und der weitere Krankheitsverlauf werden sich vorgestellt und die Gedanken kreisen um die nächsten Arztbesuche. Dazu kommen leicht Fragen wie „Warum gerade jetzt?", „Was habe ich falsch gemacht?", Warum bei mir?" Diese Assoziationskette aus sorgenvollen Bildern und Gedanken verstärkt die Neigung des Geistes, sich dem Schmerz zuzuwenden, sie stellt eine Art Sekundärleiden dar.

Der dritte Schritt besteht deshalb darin, die Gedanken und Konzepte, die sich um die Schmerzerfahrung ranken, sofort zu erkennen und entschlossen fallenzulassen.

4) Erforschen

Nach dem Fallenlassen der Gedanken richten wir den Fokus auf die reine Schmerzempfindung. Wir erforschen die Art der Empfindung – ob stechend, dumpf oder pochend –, ohne uns in begrifflichen Analysen zu verlieren. Wir untersuchen ihre Ausdehnung und Stärke, und vor allem: ihre Schwankungen! Es kann passieren, dass für Sekundenbruchteile der Schmerz nicht wahrgenommen wird, um kurz darauf wieder einzusetzen. Der monolithische Charakter des Schmerzes beginnt zu bröckeln.

Es lässt sich sogar erforschen, worin eigentlich das Unangenehme des Schmerzes besteht und wo es sich wiederfinden lässt – auch
wenn hierauf keine Antworten erwartet werden dürfen. Das Unangenehme, in dessen Bann wir zuvor waren, wird so zu unserem
Forschungsobjekt.

Es ist leicht zu sehen: Dieses Erforschen ist kein auf Konzepten
basierendes Analysieren, es ist ganz auf die unmittelbare Sinnes-
empfindung bezogen, nach dem Motto: „So fühlt sich dieser
Schmerz an".

5) Nicht-Identifizieren

Die vorangegangenen Punkte bereiten den Weg für einen Perspektivwechsel: Es ist nicht mehr „mein Schmerz", sondern eine
Empfindung, die man „Schmerz" nennt. Damit rückt der Schmerz
von der Position der Macht, in deren Netz wir gefangen sind, ab –
und er wird zu einer natürlichen Erscheinung, die wie alle anderen
Ereignisse kommen und gehen. Es ist, als wäre unsere Achtsamkeit
ganz dicht an dieses Phänomen herangerückt, bevor persönliche
Zutaten wie Vedana und Krankheitskonzepte es zu „meinem
Schmerz" machen können. Diesen Perspektivwechsel können wir
fördern durch leise gedachte Formulierungen wie „Da ist Schmerz"
oder „So fühlt sich Schmerz an" anstelle von „Ich habe Schmerzen".

Nicht verwechselt werden darf der beschriebene Perspektivwechsel mit einer Verleugnung des Schmerzes oder gar der Depersonalisierung. Die hier geschilderte Nicht-Identifizierung beinhaltet jederzeit die Möglichkeit der Übernahme von individueller
Handlung und Verantwortung – ein Paradox, das wohl nur gelebt
werden kann.

Umgang mit quälenden Gefühlen

Für den Umgang mit quälenden Gefühlen hält die Methode der Achtsamkeit einen radikalen Maßnahmenkatalog bereit, der dem Umgang mit körperlichen Schmerzen ähnelt. Er kommt dann zur Anwendung, wenn im Bereich der äußeren Aktionen keine Taten mehr möglich sind, die das Gefühl eindämmen könnten.

Ein Angstgefühl mag beispielsweise sinnvoll sein, um Vorsichtsmaßnahmen zu ergreifen. Wenn dies jedoch bereits geschehen oder nicht möglich ist, dreht sich alles nur noch darum, mit dem Gefühl der Angst klarzukommen. Ein Schuldgefühl mag das Bedürfnis nach Wiedergutmachung wecken; wenn diese nicht möglich ist, bleibt die Frage, wie mit dem Schuldgefühl umgegangen werden kann.

Man erkennt solche Situationen daran, dass sich ständig wiederholende Gedanken und Vorstellungen den Geist okkupieren, sie einen der Lösung aber nicht näherbringen. Spätestens dann ist es sinnvoll, sich von der inhaltlichen Auseinandersetzung mit dem Gefühl abzuwenden und die Aufmerksamkeit dem reinen Gefühl zuzuwenden.

Die vorgeschlagene Methode orientiert sich an R.A.I.N (recognition, acceptance, investigation, non-identification), eine Gliederung, die vor vielen Jahren von der buddhistischen Lehrerin Michele McDonald erarbeitet wurde. Sie ist hier in sechs Schritte aufgeteilt, die nicht notwendigerweise alle durchlaufen werden müssen, auch in dieser Reihenfolge nicht; dennoch steht dahinter eine gewisse Systematik. Oft reicht die Beschränkung auf einen oder zwei dieser Schritte aus.

Es darf nicht erwartet werden, dass durch Anwendung dieser Schritte das unangenehme Gefühl verschwindet. Dies kann zwar durchaus passieren, aber es dreht sich hier um den Umgang mit dem Gefühl – um den Versuch, sich von der Macht eines quälenden Gefühls zu lösen, ohne es zu verleugnen oder zu verdrängen.

1) Das Gefühl benennen, so treffsicher wie möglich

Dadurch, dass dem Gefühl ein Name gegeben wird, wird es zu einem Objekt unseres Bewusstseins und kann besser erkannt werden. Dadurch verringert sich der Eindruck, in dem Gefühl gefangen zu sein.

In manchen Fällen steckt hinter dem erkannten ein weiteres Gefühl, das die Ursache des ersten ist. In diesem Fall ist es wichtig, das verursachende Gefühl zu identifizieren. Allerdings sollte hierbei kein größerer analytischer Aufwand betrieben werden.

2) Das Gefühl von seiner Aussage trennen

Gefühle kann man sich aufgeteilt denken – in einen inhaltlichen und einen phänomenologischen Aspekt. Der inhaltliche Aspekt besteht aus einer Botschaft – beispielsweise sagt ein Schuldgefühl: „Du hast Schuld." Eine Angst sagt: „Das ist gefährlich, du bist bedroht", eine Kränkung sagt: „Du bist minderwertig."

Der phänomenologische Teil eines Gefühls besteht zum einen in dem körperlichen Ausdruck des Gefühls, zum Beispiel Anspannung in den Schultern, Beklemmung im Herzen. Zum anderen zeigt er sich in der Färbung der Sichtweise, mit der alle Wahrnehmungen belegt werden. Bei Traurigkeit erscheinen alle Wahrnehmungen von einem Schleier getrübt zu sein.

Dieser zweite Schritt des Umgangs mit quälenden Gefühlen beruht auf der Erkenntnis, dass bei jedem Gefühl die Botschaft von dem Phänomen getrennt werden kann. Wenn ich Angst habe, kann ich mir klarmachen, dass dies nur ein Gefühl ist und dass die Botschaft nicht stimmen muss. Wenn ich mich gekränkt fühle, heißt das nicht, dass ich minderwertig und bedeutungslos bin. Ein Schuldgefühl sagt zwar „Du hast Schuld", aber diese Botschaft muss keineswegs stimmen.

In diesem zweiten Schritt trennen wir uns von der Botschaft des Gefühls, egal ob sie „richtig" ist oder nicht, und wenden uns dem Phänomen des Gefühls zu, also seinem körperlichen Ausdruck und seiner Erscheinungsform als Färbung unserer Wahrnehmung. Im Gegensatz zu manchen Therapieformen, in denen der Inhalt der Gefühle thematisiert wird, wenden wir uns von den Inhalten der Gefühle ab zugunsten des „gefühlten" Phänomens.

3) Die folgenden Gedanken fallenlassen

In der Folge eines Gefühls treten Gedankenketten und Vorstellungen auf, die sich um den Inhalt des Gefühls und die entsprechende Situation ranken. Diese Gedanken befeuern wiederum das Gefühl, sodass der Geist immer wieder zu diesem Zustand zurückkehrt. Es wird geradezu eine Spur im Gehirn gebahnt, die den Geist immer wieder diesen Weg betreten lässt. Mit jedem Gedanken wird die Spur tiefer.

Deswegen müssen alle Gedanken, die sich um das Gefühl und die Situation drehen, entschlossen fallengelassen werden. Die Achtsamkeit hilft dabei, die Gedanken so bald wie möglich zu er kennen, damit die Chance überhaupt besteht, sich von den Gedankenketten lösen zu können. Mit dem Nachlassen der Gedanken wird den Emotionen der Boden entzogen und sie können von sich aus erlöschen. Forschungsergebnisse legen nahe, dass ein Gefühl tatsächlich nur wenige Minuten andauert – wenn man es nicht durch Gedanken anfacht.

Diesen Schritt zu vollziehen, stellt eine große Herausforderung dar, denn mit den Gedanken geht oft die Illusion einher, dass sie eine Lösung des Problems finden könnten.

4) Bedingungslose Akzeptanz

Ein entscheidender Schritt besteht in der Akzeptanz des unangenehmen Gefühls. Das Gefühl nicht weghaben wollen! Dabei ist gerade das Unangenehme des Gefühls der Aspekt, der akzeptiert werden muss. Denn es ist der Widerstand gegen das Unangenehme, der das Gefühl so groß macht, und der uns ermüdet und erschöpft.

Es kann hilfreich sein, die Akzeptanz mit inneren Worten zu unterstützen: „Hallo Einsamkeit, du bist willkommen!", „Hallo Angst, ich kenne dich, mach es dir bequem!" Ebenso kann die Vorstellung helfen, dem Gefühl einen großen Raum zur Verfügung zu stellen, ein weites Areal, in dem auch andere Wahrnehmungen ihren Platz haben.

Leicht verfällt man dabei der Verlockung, die Akzeptanz an die heimliche Erwartung zu knüpfen, dass dann das unangenehme Gefühl weggehen möge. Das Ärgerliche dabei ist, dass dies nicht funktioniert – die Akzeptanz muss bedingungslos sein.

5) Untersuchen des Gefühls

Nachdem wir den inhaltlichen Aspekt des Gefühls in Schritt 2 beiseitegelegt und auch die nachfolgenden Gedankenketten unterbunden haben, wenden wir uns nun der phänomenologischen Seite des Gefühls zu.

Dazu beobachten wir so genau wie möglich, wie das Gefühl sich anfühlt, wie es sich verändert und schwankt. An welcher Stelle des Körpers es zu spüren ist, ob es weitflächig oder eng begrenzt ist, wie es wandert und fluktuiert, ob es Momente gibt, in denen es nicht da ist und vielleicht plötzlich wieder erscheint. Und wir untersuchen, ob auch die Färbung unserer Wahrnehmung so kontinuierlich ist, wie sie uns im ersten Moment erschienen ist.

Wenn wir uns auf diese Weise mit voller Aufmerksamkeit dem Gefühl zuwenden, kann es passieren, dass wir über die Eigendynamik dieses Phänomens zu staunen beginnen und es seinen starren und festen Charakter verliert. Damit löst sich seine Macht und es wird zu einer flüchtigen und in seine Einzelteile zerlegbaren Erscheinung. Wir erleben: „Es ist nur ein Gefühl!"

6) Nicht-Identifizieren

Damit haben wir erkannt: Das Gefühl entsteht, ohne dass ich es eingeladen habe. Ich habe es nicht hervorgerufen und es verschwindet auch wieder ohne mein Zutun. Will ich es wirklich als „meins" ansehen?

Das Nicht-Identifizieren mit dem Gefühl ist der letzte Schritt dieser Achtsamkeitspraxis. Das Gefühl erscheint nicht mehr als „meins", sondern als eine unpersönliche, universelle Erscheinung der Natur. Die Ichbezogenheit der Erscheinung löst sich auf. Man kann die Nicht-Identifikation fördern durch eine innere Formulierung wie „Da ist ein Gefühl namens Angst" anstelle von „Ich habe Angst".

Nicht gemeint ist hier ein „Distanzieren" von dem Gefühl im Sinne eines Nicht-mehr-so-genau-Hinschauens. Denn wie in den Schritten 4 und 5 beschrieben, wenden wir uns dem Gefühl sehr bewusst und sehr präzise zu. Aber wir durchschauen es nun und können uns so aus seinem Griff lösen. Es ist eine Paradoxie: Wir nehmen das Gefühl genau wahr und sind dennoch nicht in seinem Bann gefangen.

Das Nicht-Identifizieren hilft uns zu erkennen, dass grundsätzlich alle Menschen der Macht der Gefühle ausgesetzt sind. Wir sind Geschöpfe der Natur und unterliegen ihren Gesetzen. Im Erkennen dieser Gemeinsamkeit können wir Trost und Zuversicht finden.

Zwei Ebenen der Achtsamkeit

Ist dies Achtsamkeit? Ich stehe an der Kasse des Supermarktes, fühle ganz bewusst die Münzen, die ich dem Kassierer gebe, erspüre minutiös das Ausstrecken des Armes beim Bezahlen und lege sorgfältig ertastend die einzelnen Gegenstände in meine Tüte, die wechselnden Gerüche und Geräusche aufmerksam verfolgend. Dabei bemerke ich nicht, dass sich hinter mir eine Schlange von ungeduldigen Menschen aufbaut und ich mich beim Bezahlen vertue.

Ohne Zweifel habe ich hier Achtsamkeit gelebt, sie aber nicht sinnvoll angewendet. Mein Fokus lag auf der unmittelbaren Sinneswahrnehmung, während sozialer Kontext (hinter mir warten Menschen) und konzeptioneller Kontext (Zählen des Geldes) ausgeblendet waren.

Achtsamkeit kann sich also auf verschiedene Ebenen beziehen. Eine betrifft die unmittelbare Sinneswahrnehmung: Ich stehe an der Straße und höre ein Geräusch. Ich nehme das Geräusch ganz genau wahr, verfolge die Schwankungen in Lautstärke und Tonhöhe und erlebe seinen Charakter. Die Quelle des Geräusches („Auto") bleibt unbeachtet. Ich bezeichne diesen Bereich als unmittelbare Ebene.

Die andere Ebene der Achtsamkeit bezieht die Deutung der Sinneswahrnehmung mit ein und ordnet sie in einen konzeptionellen und sozialen Kontext ein: Ich stehe an der Straße und höre ein Geräusch – ich weiß, es ist ein sich näherndes Auto, ich schließe daraus, dass es besser ist, jetzt nicht über die Straße zu gehen. Ich nenne dies die konzeptionelle Ebene.

Beide Ebenen, die unmittelbare und die konzeptionelle, sind gültige Bereiche für die Achtsamkeit. Aber ihre Aufgaben und Bedeutungen sind verschieden.

Wenn man unvoreingenommen den Begriff „achtsam" hört, so bezieht man ihn meistens auf die konzeptionelle Ebene: „Sei achtsam, wenn du über die Straße gehst!" – Will heißen, dass man auf vorbeifahrende Autos achten soll. Der Nutzen der Achtsamkeit in der konzeptionellen Ebene ist leicht zu erkennen: Wir können besser mit der Umwelt interagieren, wir erkennen Gefahren, wir tauschen uns aus.

Im Achtsamkeitstraining erforschen wir zusätzlich die unmittelbare Ebene. Geräusche hören, ohne sich eine Vorstellung von der Quelle der Geräusche zu machen; die Hände spüren, ohne sich ein Bild von den Händen zu machen; Emotionen als phänomenale Erscheinungen wahrnehmen, ohne sich den damit verbundenen Gedanken und Vorstellungen hinzugeben.

Der Nutzen der Beschäftigung mit dieser unmittelbaren Ebene ist verborgener, aber von außerordentlicher Bedeutung. An erster Stelle ist die Befreiung von der Tyrannei der Gedanken und Konzepte zu nennen. Zwar helfen diese uns bei der Bewältigung des Lebens: Zu wissen, dass der Einstich bei einer Impfung nur kurz ist und einen übergeordneten Zweck erfüllt, hilft über den Schmerz hinweg. All unsere Lebensplanungen sind ohne das konzeptionelle Denken nicht möglich.

Andererseits sind sie für so viel Leiden verantwortlich: die unnötigen Sorgen, die quälenden Erinnerungen, die belastenden Interpretationen von Geschehnissen etc. Gewohnheitsmäßige Denkmuster halten uns gefangen, engen unsere Optionen ein. Je gründlicher wir diese gedeutete Welt erforschen, desto klarer tritt ihr verhängnisvoller Anteil zutage. Und desto mehr Erleichterung können wir mit der unmittelbaren Achtsamkeit erfahren.

Ein weiterer Vorteil der Erforschung der unmittelbaren Ebene ist die geringere Abhängigkeit von den Vedana, den Bewertungen von „angenehm" und „unangenehm" (s. Kapitel „Vedana"). Je direkter die Wahrnehmung, desto weniger haben die Vedana eine Chance, denn sie werden den Sinneswahrnehmungen vom Geist hinzugefügt. Sich diesem ewigen Regime von Lust und Unlust zeitweise zu entziehen, kann als große Befreiung empfunden werden.

Mit Hilfe der unmittelbaren Ebene gewinnen wir Erkenntnis. Zum Beispiel die Vergänglichkeit: Wir wissen zwar von dem Wandel aller Dinge, aber das direkte Spüren dieses Wandels gräbt sich tiefer ein als es abstraktes Wissen vermag.

In der Folge erleben wir eine Loslösung von den Geschehnissen, eine Lockerung ihres Ich-Bezugs. Die Kränkung wird nicht mehr persönlich genommen, der Schmerz wandelt sich von „mein Schmerz" zu „da ist Schmerz", die quälende Emotion wird zu einem schwankenden und natürlichen Vorgang des Geistes. Hier tritt die Paradoxie hervor, dass wir die Dinge ganz genau erfahren und dennoch von ihnen losgelöst sein können. Dies wird als große Erleichterung erlebt.

Innerhalb der unmittelbaren Ebene kann sich Achtsamkeit beziehen auf:

- o die Objekte der Sinneswahrnehmung (Bewusstheit des Geräuschs),

- o den Sinneskanal (Bewusstheit des Vorgangs des Hörens),

o   die Bewusstheit an sich (Spüren der Wachheit in der inneren Stille).

Das Experimentieren mit diesen drei Aspekten bereichert unser Leben. Wenn großer Lärm zu ertragen ist, bietet sich die Ausrichtung der Achtsamkeit auf den Sinneskanal „Hören" an: Man nimmt staunend den Vorgang des Hörens wahr und bleibt unbeeindruckt von dem Geräusch an sich und der Quelle des Geräusches. Wenn Angst dominiert, kann die Aufmerksamkeit auf die Bewusstheit dieser Angst gelenkt werden, die selbst unberührt von der Angst ist – ein Ort des stillen Friedens ist gefunden.

Für sich allein genommen ist ein dauerhaftes und ausschließliches Verweilen in der unmittelbaren Ebene nicht lebenstauglich. Ihr Wert besteht in der Ergänzung zur konzeptionellen Ebene, wenn beide Achtsamkeitsbereiche sich durchdringen. Die unmittelbare Wahrnehmung befreit von der durch Angst und Hoffnung getrübten Sicht der Dinge, sodass in der konzeptionellen und sozialen Welt empathischer und wirkungsvoller mit der Umwelt interagiert werden kann.

Leicht unterliegt man der Vorstellung, dass diese beiden Ebenen nicht zusammen passen. Aber es ist wie mit dem Betrachten eines Films: Ich erlebe die Hochs und Tiefs aus der Sicht der Protagonisten und ich weiß dennoch, dass es ein Film ist, dass Schauspieler unter der Leitung eines Regisseurs agieren. Sogar eine weitere Ebene ist uns dabei bewusst: es sind „eigentlich" nur farbige Lichter auf einer Leinwand, der Rest wird von unserem Geist hinzugefügt. Auch wenn wir das zeitweilig vergessen mögen, so würden wir dennoch nicht die falschen Schlüsse ziehen und die Hauptfigur zum Essen einladen.

Achtsame Kommunikation

Achtsame Kommunikation wird oft mit ethischer Kommunikation verwechselt. Es ist lohnenswert, diese beiden Aspekte getrennt zu betrachten.

Achtsamkeit in der Kommunikation ist zuständig für die Bewusstheit der Inhalte, der Art der Kommunikation, der eigenen Motive beim Sprechen etc. Die ethische Dimension gibt die Richtung der Kommunikation vor. Sie bestimmt, woran diese sich orientiert, welchem Zweck sie dient und welche Kriterien der Sprache zugrunde liegen sollen.

Ethische Kriterien können zum Beispiel sein:

o Wahrhaftigkeit – ist es wahr, was ich vermittle?

o Nützlichkeit – ist es nützlich, was ich vermittle?

o Freundlichkeit – ist es wohlmeinend, was ich vermittle?

o Angemessenheit – geschieht es zum rechten Zeitpunkt und auf die rechte Art?

Auflistungen dieser Art finden sich bei vielen Philosophen und Religionsstiftern, von Sokrates bis Buddha.

Die Achtsamkeit ermöglicht, dass diese Kriterien zur Geltung kommen können. Sie dient auch dazu, der kommunizierenden Person Informationen über sich selbst bereitzustellen, zum Beispiel ob sie verspannt ist, wie laut sie spricht und welche Motive sie beim Sprechen bewegen.

Das Gegenstandsbereich der Achtsamkeit ist groß:

1) Mein Körper:

- o Bin ich entspannt?
- o Gestikuliere ich?
- o Kann ich den Atem als Anker der Aufmerksamkeit nutzen?

2) Innere Einstellung, Motive:

- o Welches Bedürfnis leitet mein Reden? (Klatschbedürfnis? Angeberei? Wunsch nach Nähe? Will ich manipulieren?)
- o Welche Voreinstellungen bringe ich zum Thema mit?
- o Wie schätze ich mein Gegenüber ein?
- o Kann ich offen für die Entwicklung des Gesprächs sein?

3) Äußere Faktoren des Sprechens:

- o Wie lange rede ich?
- o Wie oft rede ich?
- o Meine Lautstärke, Deutlichkeit?
- o Lasse ich ausreden?
- o Mache ich Pausen?

4) Inhalte:

- o Wiederhole ich mich?
- o Höre ich zu?
- o Bleibe ich beim Thema oder lasse ich mich treiben?

o   Antworte ich auf den/die andere/n?

5) Sprache:

o   Benutze ich Füllwörter, Verlegenheitswörter, Fremdwörter?

6) Kontakt mit dem Gegenüber:

o   Wie reagiert er oder sie körperlich, mimisch, inhaltlich?

o   Wie reagiert er oder sie inhaltlich?

Es stellt sich natürlich die Frage, wie man denn beim Sprechen gleichzeitig auf den Körper, die inneren Impulse etc. achten kann. Tatsächlich blitzen in einem Gespräch immer wieder kurze Pausen auf, in denen die Hinwendung zum Körper oder den anderen Achtsamkeitsfeldern möglich ist. Sie müssen erkannt werden, damit sie nicht mit Belanglosigkeiten gefüllt werden.

Aber auch ein bewusstes kurzes Innehalten inmitten des Gesprächsflusses ist möglich. Um dann bei der Vielfalt der Achtsamkeitsobjekte den Überblick zu behalten, empfiehlt sich ein Herunterbrechen in wenige Schritte, zum Beispiel die folgenden drei:

o   Innehalten und entspannen,

o   sich spüren,

o   sich öffnen.

Im ersten Schritt tritt man für einen Moment aus dem Strom der äußeren Einflüsse aus. Im zweiten folgt das Erspüren des eigenen Köpers oder/und der geistigen Regungen. Im letzten Schritt öffnet sich das Wahrnehmungsfeld für den anderen Menschen und für einen lebendigen Austausch.[9]

Zudem bietet sich eine Art Hintergrundbewusstsein an, das einen beim Sprechen gleichzeitig etwa die Körperhaltung wahrnehmen lässt. Dies ist vergleichbar mit dem Skipper eines Segelbootes auf dem Meer, der eine Reparatur an Deck zu erledigen hat: Mit einer Hand hält er sich fest, mit der anderen verrichtet er die Arbeit. Auch wenn er noch so konzentriert bei der Arbeit ist, lässt er nie die Sicherungshand los. Dafür reserviert er einen Teil seiner Aufmerksamkeit.

---

[9] Eine ausführlichere Auflistung von sechs Schritten wird von Gregory Kramer in seiner Anleitung zum sog. Einsichts-Dialog geschildert. Gregory Kramer: *Einsichts-Dialog*, Freiamt: Arbor 2009. Eine Kurzfassung von Harald Reiter findet sich in https://haraldreiter.files.wordpress.com/2017/08/c3b6br-artikel-v1-3-mit-bild-gregory.pdf (abgerufen am 19.9.2019 18:00)

Selbstliebe

Selbstliebe gilt weithin als Voraussetzung dafür, überhaupt lieben zu können. Kann man andere lieben, wenn man sich selbst ablehnt?

Ein häufiges Hindernis für Selbstliebe sind die Zweifel an den eigenen Eigenschaften: Wie soll ich mich selbst lieben, wo ich doch so viel falsch mache und so unvollkommen bin? Diese Auffassung bindet die Liebe an die Bewertung von Eigenschaften und Fähigkeiten. Es ist eine bedingte Liebe. Sie sagt: „Je perfekter ich bin, desto liebenswerter bin ich." Wie soll es einem kranken oder behinderten Menschen dann gehen? Er kann sich keine Liebe „verdienen".

Wahre Selbstliebe kann lieben und gleichzeitig die eigenen Schwächen und Fehler sehen. Weil sie die Kreatur in uns sieht, dieses Wunderwerk der Natur, dieses Geschöpf, das liebenswert ist, weil es so ist, wie es ist. Diese Form der Liebe ist unbedingt. Wenn wir eine Schildkröte mit staunenden und liebevollen Augen bewundern, dann schelten wir sie nicht für ihre Langsamkeit. Wenn wir unsere Katze kraulen, dann verachten wir sie nicht für mangelnde Gesprächigkeit. Wir lieben sie so, wie sie ist, als eine Kreatur, die aus übergeordneter Sicht „perfekt" ist.

Manchen Menschen scheint es leichter zu gelingen, unbedingte Liebe für andere Menschen oder Tiere zu entfalten als für sich selbst. Der Imperativ „Liebe den anderen wie dich selbst" müsste dann glatt umgekehrt werden.

Der Unterschied zwischen bedingter und unbedingter Liebe trennt die Selbstliebe von der Selbstgefälligkeit. Letztere ist eine passive, träge und egozentrische Haltung. Sie geht von der Illusion aus, dass die eigenen Eigenschaften fehlerfrei und wunderbar sind. In seiner übersteigerten Form finden wir sie als Narzissmus oder Selbstsucht wieder.

Die Selbstliebe dagegen kann die Unvollkommenheiten mit liebevollem Blick erkennen. Sie ermöglicht es, aktiv zu sein und sich um Änderungen zu kümmern. Entscheidend ist hierbei, dass das Motiv für die Veränderung nicht der Hass auf die Unvollkommenheiten ist, sondern die Liebe und Fürsorge für sich selbst.

In buddhistischer Terminologie können wir die Selbstgefälligkeit als nahen Gegner der Selbstliebe bezeichnen. „Nahe" deswegen, weil sie leicht mit der Selbstliebe verwechselt werden kann. Selbsthass wäre dann der ferne Gegner.

Mit einer gehörigen Portion Selbstliebe lebt es sich leichter. Der Blick auf die eigenen Unvollkommenheiten und auf die der anderen wird sanfter und großzügiger. Die Abhängigkeit von den Urteilen der anderen wird abgebaut und die Angst vor dem Versagen weicht einer wohltuenden Zuversicht.

Selbstliebe kann auch als Ersatz oder Fortsetzung der elterlichen Liebe angesehen werden. Was die Eltern früher nicht geben konnten oder jetzt nicht mehr geben können, das gibt man sich nun selbst.

Selbstliebe kann man üben. Wie man Vokabeln lernen kann, so kann man den Geist trainieren, eine wohlwollende und gütige Haltung zu sich selbst zu entwickeln. Dazu gibt es viele Ansätze: Manche Menschen bevorzugen verbale Methoden, andere kommen besser mit bildlichen Vorstellungen zurecht. Sie können in der formellen Meditation zur Anwendung kommen oder als kurze Sätze oder Bilder inmitten des Alltags – für wenige Sekunden oder Minuten, in der U-Bahn oder im Restaurant.

Auch die eigene Rolle kann je nach Neigung variieren. Man kann sich vorstellen,

- o die Liebe sich selbst zu geben,

- o sich als Kind zu betrachten und ihm die Liebe zu schenken,

- o oder sich von der Liebe eines anderen Wesens einhüllen zu lassen (Eltern, Geschwister, Haustiere, Gottheiten …).

Jede Methode, die wirkt, ist gut. Ein Vorschlag findet sich im Anhang 2 unter „Anleitung zur Metta-Meditation.".

Weiterführende Themen

Freude

Freude ist ein innerer Zustand. Wir versuchen, ihn durch äußere Gegenstände oder Situationen hervorzurufen: den Kauf eines Autos, das Erleben eines schönen Urlaubs oder Konzerts, das Erlangen eines Erfolges, eines Status etc.

Bemerkenswert ist, dass diese Gegenstände oder Situationen für den einen Menschen Glück bedeuten, aber nicht unbedingt für den anderen. Selbst für ein und dieselbe Person kann dies schwanken: Der Urlaub von vor zehn Jahren wäre heute vielleicht eine Tortur. Und das neue Handy, auf das man sich so gefreut hat, verliert nach einigen Monaten seinen Reiz.

Das macht deutlich, dass das Glück nicht in diesen Dingen oder Zuständen „drin" ist, sondern sie nur die Auslöser für das Glück sind. Unsere Haltungen und Veranlagungen bestimmen darüber, ob die Auslöser angenehme oder unangenehme Empfindungen bewirken. Das Glück selbst wird dann in unserem Inneren erlebt, nur dort ist es zu finden.

Mit verschiedenen Worten wird dieses Erleben beschrieben, mal als Freude, mal als Glück oder als Zufriedenheit. Ich behandle sie hier als verschiedene Schattierungen eines Geisteszustandes.

Erstaunlich ist, dass wir oft viel weniger wissen, was uns glücklich macht, als wir meinen zu wissen. Dies haben Untersuchungen gezeigt, die eine große Diskrepanz zwischen den Glückserwartungen und dem tatsächlich eingetretenen Glück offenbart haben. Das Ärgerlichste aber an dieser Form der Glückssuche ist die Tatsache, dass diese Gegenstände und Situationen nur zu einem geringen

Maße unserer Kontrolle unterliegen. Das bedeutet, dass dieses Glück unbeständig und wenig steuerbar ist.

Es stellt sich daher die Frage, ob es auch einen direkten Weg zum Glück gibt, der nicht über die äußeren Umstände führt, sondern direkt nach innen, zur „Glückszentrale" des Geistes. Der uns befreit von der Abhängigkeit von äußeren Gegebenheiten und einen direkten Zugang zu einem Glück findet, das unserem Geist inhärent ist.

Es gibt diesen Weg, und er ist von den Weisen der Antike und Asiens in verschiedenen Arten beschrieben worden. Man kann vier Spuren auf diesem Weg erkennen; sie können einzeln oder gemeinsam begangen werden.

1) Bemühe dich um Achtsamkeit und Sammlung des Geistes

Sie ist ein Glücksbringer: die Achtsamkeit als die Fähigkeit, in diesem Moment präsent zu sein und nicht in Fantasien und Vorstellungen abzudriften. Das Leben wirklich zu er-leben, wie es nun eben ist, es nicht zu verpassen, auch wenn es manchmal schwer ist. Mit dem etwas altmodischen Begriff „Geistesgegenwart" wird diese Eigenschaft schön umschrieben.

Dazu gesellt sich die Sammlung des Geistes, auch Konzentration genannt. Sie bündelt alle Kanäle der Aufmerksamkeit auf das, was jetzt in diesem Moment geschieht, egal ob ich passiv erlebe oder aktiv bin. Es ist eine erstaunliche Tatsache, dass ein konzentrierter Geist automatisch glücklich ist. Wer tief in eine Tätigkeit versunken ist, kennt diese innere Zufriedenheit, die nicht mehr nach Abwechslung oder anderen Sinnesreizen schreit. Dabei ist es sogar weitgehend unerheblich, ob das Objekt der Konzentration ein angenehmes oder unangenehmes ist – es kann ein leichter Schmerz oder ein ziependes Geräusch sein – die Geistes-Sammlung an sich ist Freude.

Achtsamkeit und Sammlung können dabei so dicht an das Erleben heranführen, dass die gewohnten Bewertungen von „angenehm" und „unangenehm" ausgehebelt sind. Die Dinge sind einfach so, wie sie sind, und dies beschert diese Freude, die tiefer wurzelt, als Gegenstände es zu vermitteln vermögen.

Diese Freude kann euphorischen Charakter haben oder als stille Zufriedenheit erlebt werden; manchmal so subtil, dass man sich erst im Nachhinein des Glückes bewusst wird. Auch ist es ohne Bedeutung, ob die Sammlung sich auf eine Tätigkeit bezieht oder als rezeptives Gewahrsein erlebt wird, wie etwa bei der Erfahrung des Atems oder der Geräusche der Natur. Selbst ohne jegliches Objekt kann der Geist im Zustand der Wachheit gesammelt sein und in das „Ur-Glück" eintauchen. Es scheint, als sei Glück der Grundzustand des Geistes.

Voraussetzung dafür ist immer, dass die Konzentration mit Entspannung und Losgelöstheit einhergeht. Somit ist sie frei von Erwartung und Anhaftung an das Ergebnis des Tuns.

2) Achte auf deine Perspektive und heiße alle Erfahrungen willkommen

Das Beispiel des zur Hälfte gefüllten Glases ist bekannt: Der eine sieht es als halbleer, der andere als halbvoll. Die objektiven Gegebenheiten sind gleich, aber der Unterschied in der Lebensqualität ist erheblich.

Die Perspektive zu wechseln, ist eine der wirksamsten Methoden, um den Geist dem Glück zuzuführen, ohne an den äußeren Gegebenheiten etwas ändern zu müssen. Dies betrifft zum Beispiel die Dankbarkeit, die immer abrufbar ist – man wird fast immer etwas finden können, für das Dankbarkeit angebracht ist. Bis sie schließlich zu einer Einstellung wird, ohne dass ein konkretes Objekt den Anlass liefern muss. Die Wirkung auf die innere Verfassung ist phänomenal und in vielen Untersuchungen nachgewiesen worden. Auf den indischen Dichter Rabindranath Tagore sollen folgende Worte zurückgehen:

> *Schöne Tage – nicht weinen, dass sie vergangen;*
> *sondern lächeln, dass sie gewesen.*

Eine andere Form des Perspektivwechsels besteht im Öffnen für den großen Blick – die Situation aus einer übergeordneten Sicht sehen: die Schmerzen als Teil der Körperempfindungen, die Angst als eine von der Natur vorgesehene Reaktion, den Verlust als Teil des großen, ewigen Wandels. Dies hilft, sich als Kind der Natur zu empfinden, in Frieden mit unvermeidlichen Veränderungen zu kommen und sich nicht mit Vorgängen zu identifizieren, die nicht in unserer Verantwortung liegen. Man tritt so aus dem Bann der negativen Bewertungen heraus, kann die Unvollkommenheiten wohlwollend annehmen und sie als Teil des großen Schauspiels ansehen.

Auch die Gewohnheit, schwierigen Situation einen Sinn zu geben, sie beispielsweise als Herausforderung zu begreifen anstelle eines Angriffs auf die eigene Person, wirkt sich positiv auf das Glücksempfinden aus. Auf diese Weise lassen sich die Grenzen des Lebensbereichs, den man als lebenswert erfährt, immer weiter ausdehnen. Vielleicht sogar mit dem Ziel vor Augen, irgendwann gar keine Grenzen mehr zu erleben.

3) Lass los, was losgelassen werden kann, und erfahre die Stille des Geistes

Loslassen erzeugt Erleichterung, egal ob es im Großen oder Kleinen geschieht. Und es gibt vieles, das man loslassen kann: Gegenstände und Besitz sowieso, aber auch Erwartungen und festgefahrene Ansichten. Dazu gehört auch, Identifikationen loszulassen – sei es mit einem Land, einem Verein oder einem Status. Besonders wertvoll ist das Aufgeben der Identifikation mit dem eigenen Körper, mit den geistigen Fähigkeiten oder ganz einfach der eigenen Persönlichkeit.

Dabei bedeutet das Loslassen nicht ein Ignorieren oder Vernachlässigen – im Gegenteil, man übernimmt Verantwortung für den Körper und den Geist, aber man gibt die Illusion des Besitzens auf.

Wie sehr das Festhalten uns am Glück hindert, wird in der englischsprachigen Literatur zuweilen mit dem Bild des „rope burning" veranschaulicht: Es beschreibt den Schmerz, der entsteht, wenn man an einem Seil herunterrutscht und die Hände weiterhin festzuhalten versuchen.

Wir kennen den Genuss des Loslassens beim Einschlafen – es ist Voraussetzung für das Hineingleiten in den Schlaf, und wir lassen dabei so Wertvolles los: unser Wachsein, unser Erleben, unser Dasein. Zu Hilfe kommt uns hier das Vertrauen in das Aufwachen am nächsten Morgen. Vertrauen ist der große Bruder des Loslassens. Es befreit von der Sorge, mit dem Loslassen nur einen Verlust zu erleben. Darauf vertrauend, mit ihm etwas Neues zu gewinnen.

Im Zen-Buddhismus heißt es dazu lapidar:

Nachdem mein Haus niedergebrannt war,
hatte ich eine klare Sicht auf den Mond bei Nacht.

Sehr deutlich wird dies bei körperlicher Entspannung. Je mehr wir uns den Händen des Masseurs oder der Wärme der Sauna anvertrauen, desto tiefer ist die Entspannung, desto umfassender können die Muskeln loslassen.

Loslassen befreit. Mit ihm wird die Abhängigkeit von äußeren und inneren Bedingungen gelöst. Man erfährt das Glück der inneren Freiheit. Im Buddhismus spricht man von den acht weltlichen Winden, die uns im Leben hin- und hertreiben und denen wir ausgeliefert sind, wenn wir nicht aufpassen: Gewinn und Verlust, Ruhm und Verachtung, Lob und Tadel, Freude und Leid.

Solange wir uns mit Lob oder Tadel, Freude oder Leid etc. identifizieren, werden wir keinen inneren Frieden finden. Gelingt es uns aber, die Gebundenheit an diese Winde zu verringern, erfahren wir das Glück der inneren Freiheit.

Interessant ist hierbei, dass das Loslassen nicht nur die Identifikation mit negativen Erfahrungen, etwa mit Misserfolgen, betrifft, sondern auch diejenige mit positiven Erfahrungen – die Erfahrung eines Erfolges kann zu Selbstgefälligkeit und Selbstüberschätzung führen. Und das Verlangen nach weiteren Kicks lässt uns wieder klammern und um die Zukunft fürchten. Denn ein Moment der Freude löst in uns die Tendenz zum Festhalten aus, wir wollen die Situation halten oder sie wiedergewinnen, und so geraten wir in die Abhängigkeit. Und mit unseren aufkeimenden Wünschen verlassen wir die Präsenz des Augenblicks.

Loslassen führt zu innerer Stille. Diese Stille wird oft als eine Art grundloser Freude beschrieben, ein Glücksgefühl ohne erkennbaren Anlass. Sie ist ein wertvoller Zufluchtsort in schwierigen Zeiten. Ein mittelalterliches Sprichwort sagt: *Hüte die Stille, und sie wird dich behüten.* Im Deutschen kennen wir die schönen Worte „Gemütsruhe" und „Gleichmut", die diese Geisteshaltung beschreiben.

Normalerweise erwartet man eine Begründung, wenn jemand sich als glücklich bezeichnet, und sucht den Grund in äußeren Dingen, der Lebenssituation. Aber das Glück der inneren Stille ist grundlos, einzig im Sosein begründet.

Wir neigen zu der Vorstellung, erst dieses und jenes tun zu müssen, um Frieden und Entspannung erfahren zu können. Oft entfernen wir uns durch diese Aktivitäten von dem Ziel. Stattdessen könnten wir in jeder Situation einfach direkt das grundlose Glück der Geistesstille ansteuern. In unserer Übung geht es deshalb darum, nicht erst zu warten, bis im Äußeren die Bedingungen für inneren Frieden geschaffen sind, sondern genau jetzt, unter welchen Bedingungen auch immer, den Geist zur stillen Wachsamkeit zu führen.

Letztendlich bedeutet dies, dass wir uns vom Wünschen und Wollen verabschieden. Jedenfalls für den Moment, in dem wir uns für den inneren Frieden öffnen. Mit dem Aufgeben des Wollens tritt die Stille ein, die uns „wunschlos glücklich" macht.

4) Trainiere bedingungsloses Wohlwollen gegenüber allen Lebewesen

Die Wirkung auf den eigenen Seelenhaushalt ist überwältigend, man verlässt die enge Eigenperspektive und begibt sich in den offenen Raum des großmütigen Herzens. Das Gefühl der Verbundenheit und der Aufhebung des Getrenntseins ist ein Ur-Glück.

Gemeint ist hierbei eine seelische Verfassung, bei der die Zuneigung zu den Lebewesen an keinerlei Bedingungen geknüpft ist. Es ist gewissermaßen der Grundzustand, mit dem allen Lebewesen begegnet wird. Und damit wird auch deutlich, dass diese Zuneigung nicht-anhaftend ist. Sie führt nicht zu einer Abhängigkeit von einer anderen Person und stellt auch keine Forderungen an sie. Das unterscheidet sie von der romantischen Liebe.

Und sie bezieht sich wirklich auf alle Lebewesen, seien es Menschen oder Tiere. Und schließt einen selbst mit ein.

Fazit

Die vier beschriebenen Aspekte auf dem Weg zum Glück überlappen und durchdringen sich gegenseitig. Geistesgegenwart ist ohne Loslassen nicht denkbar, und das Wohlwollen gegenüber allen Lebewesen kann als eine bestimmte Perspektive angesehen werden. Die Unterscheidung dieser Aspekte dient eher als Hilfe, um sich ihnen in der Praxis besser annähern zu können.

Und selbstverständlich ist das Glück, das durch äußere Umstände ausgelöst wird, nicht wertlos oder verachtenswert. Ein gutes Essen oder der Genuss einer schönen Landschaft berühren dieselben inneren „Glückssensoren" wie die Wachheit eines gesammelten Geistes. Es sind andere Zugänge zum Glück – die einen führen über die äußeren Umstände, die anderen steuern direkt auf das Ziel zu. Für beide Zugänge gibt es gute Gründe und angemessene Anlässe. Es ist wie mit der Sehnsucht nach der Ferne: Ich kann eine große Reise planen und das Kreuzfahrtschiff buchen und dann meinen Geist mit dem Anblick des fernen Horizontes stillen – oder die Augen schließen und im Inneren die Stille der grenzenlosen Offenheit erspüren.

Intuition und Achtsamkeit

Achtsames Verhalten wird oft mit kontrolliertem Verhalten gleichgesetzt, mit der Unterdrückung von Spontaneität. Dahinter verbirgt sich ein Missverständnis.

Achtsamkeit beobachtet. Sie sorgt für das Wissen um das, was gerade geschieht. Darauf aufbauend kann entschieden werden, ob man alles weiter so laufen lässt oder ob Kontrolle und Steuerung angesagt sind. Sie ermöglicht also Kontrolle, aber diese ist nicht zwingend Folge der Achtsamkeit. Im Gegenteil – Achtsamkeit fördert die Intuition.

Die Ausdruckskraft eines Musikers wird durch seine Intuition bestimmt, seine Fähigkeit, aus dem Moment heraus feine Nuancen zu gestalten: eine kleine Verzögerung hier, ein kaum merkbarer Dynamikwechsel dort. Bei den Zuhörenden bewirken diese den Eindruck der Lebendigkeit, sie fühlen eine Verbundenheit mit der Seele des Musikers. Diese Nuancen sind nicht geplant oder gedacht, sondern entstehen spontan aus dem Moment heraus. Es ist die Intuition, die Kreativität ermöglicht und einen Künstler von einem seelenlosen Virtuosen unterscheidet.

Die Rolle der Achtsamkeit besteht darin, störende Gedanken auszublenden, sich von Erwartungen und Vorstellungen zu lösen. Dadurch wird der innere Zensor ausgetrickst, der mit seinen Urteilen und Normen die Intuition blockiert. Der Raum wird damit frei für die im Unbewussten schlummernden Ideen. Gleichzeitig sorgt die Achtsamkeit für die Wachheit und Offenheit, selbst die kleinsten und unscheinbarsten Eingebungen dem Unbewussten zu entreißen. Je schärfer die Achtsamkeit, desto reicher der Fundus an Eingebungen.

Es sind also wieder die beiden Säulen der Achtsamkeit, die hier aktiv sind: auf der einen Seite das Loslassen und die Geistesstille, auf der anderen Seite Offenheit und Wachheit. Nur in einem stillen Geist werden die unbewussten Regungen hörbar.

Selbstverständlich ist Intuition nicht nur auf die Musik beschränkt. Sie ist genauso wichtig für darstellende Künstler, Schauspieler oder Tänzer. Im Sport gibt es den Typ des intuitiven Fußballers, der zuweilen verrückte Sachen macht – sie können total schiefgehen, aber manchmal sorgen sie für diese unvergesslichen Momente, die dann als Sensation des Fußballtages gefeiert werden.

Im sprachlichen Austausch kann die Intuition Situationskomik erzeugen und Momente des Gleichklangs mit dem Gegenüber. In der Wissenschaft liefert die Intuition die Idee für einen neuen Zusammenhang, an den noch keiner gedacht hat und der auf den ersten Blick verrückt erscheint (Hypothesenbildung, Heuristik). Manche revolutionäre Idee kam im Traum, manche erschien als verrückter Geistesblitz beim Zähneputzen oder beim Einfach-vor-sich-Hindösen. Erst danach kommt die Rolle der Rationalität zum Tragen – wenn die These nach logischen Regeln oder empirischen Kriterien überprüft wird.

Sehr oft geht der kreative Prozess mit dem Gefühl einher, dass man diese Idee nicht selbst hervorgebracht hat, sondern etwas anderes für diese Intuition verantwortlich ist. Je nach Weltbild kann dies als „göttliche Eingebung" empfunden werden, als Auswirkung eines „Es", als Musenkuss oder Ähnliches. Da die Eingebung ohne willentliches Suchen oder Dazutun entsteht, fehlt das Gefühl des verursachenden „Ich" in diesem Moment. Dies wird als besonders beglückend empfunden. Ein Staunen über die Leichtigkeit und Kreativität des Geistes stellt sich ein.

Paradoxerweise ist eine Bedingung für die künstlerische Intuition die Übung! Der Tänzer muss seine Figuren aus dem Effeff beherrschen, damit die Intuition im richtigen Moment den genialen Vorschlag aus dem Unbewussten hervorlocken kann. Der Musiker muss Souverän über sein Instrument und die Tonleitern sein, damit er sich auf die Intuition verlassen kann, so wie der Physiker seine Formeln und der Dichter seinen Wortschatz beherrschen muss. Das Gleiche gilt für die Achtsamkeit selbst: Auch sie muss trainiert werden, damit die Intuition mühelos wird.

Vergänglichkeit

Eigentlich ist die Sache ganz einfach: Vergänglichkeit geschieht überall, wir wissen es ganz genau. Und dennoch ist es so schwer, dies wirklich tief in unserem Inneren einzusehen und zu akzeptieren.

Wir streben mit unserem alltäglichen Bemühen immer auf Ziele hin – mit der heimlichen Vorstellung, dass dann etwas erreicht und stabil sei. Wenn ich erst die neue Wohnung habe, wenn die Kinder erst groß sind, wenn das Projekt erst abgeschlossen ... Aber das Erstaunliche ist: Danach geht es weiter – unaufhörlich.

Vergänglichkeit läuft parallel zum Entstehen von Neuem. Das Neue verdrängt das Alte. Es sind die zwei Seiten einer Medaille – der Medaille vom Wandel. Er zeigt sich im Großen und im Kleinen. Generationen vor uns haben ihr Leben so wichtig genommen wie wir unseres – was ist davon übrig geblieben?

Der Wandel ist eingebaut in allen biologischen Strukturen: Das kleine Samenkorn eines Baumes enthält in seinem Inneren bereits die Informationen für das Wachstum zum großen Baum und genauso für seinen Zerfall.

Warum ist es so schwer, den ewigen Wandel wirklich anzuerkennen?

Manche Veränderung ist von uns erwünscht: All die unangenehmen Dinge mögen weggehen, wir sind mit dem Wandel einverstanden. Aber wehe dem Wandel, wenn er einen angenehmen

Zustand zu Ende gehen lässt! Zu dem Verlust des Angenehmen gesellt sich die Sorge vor dem Ungewissen.

Vergänglichkeit spottet unserer geliebten Illusion, die Umstände kontrollieren und beherrschen zu können. Wir müssen machtlos zusehen, wie unser Körper altert und die Eltern sterben.

Eine subtile Hürde bei der Akzeptanz des Wandels ist unsere Fähigkeit, Begriffe und Konzepte zu bilden. Diese großartige Errungenschaft in der Entwicklung des Menschen eröffnet uns die erstaunliche Fähigkeit zum Verständnis der Umwelt sowie zu ihrer Gestaltung und Manipulation. Auch unsere Kommunikation untereinander ist ohne diese Fähigkeit nicht vorstellbar. Aber sie hat eine Kehrseite: Begriffe suggerieren eine Stabilität, die den Objekten in der Realität nicht zukommt. In unserem Geist gehen wir mit ihnen als fixe Größen um, aber in der Realität sind sie dem Wandel unterworfen.

Sehr anschaulich wurde dies in der Antike mit der Paradoxie vom „Schiff des Theseus" beschrieben: Dieses Schiff wird im Laufe der Jahre immer weiter restauriert, die Segel werden durch neue, gleichwertige ersetzt, die Balken und die Nägel ebenso, bis am Ende kein einziges Bauteil von dem ursprünglichen Schiff mehr übrig ist. Handelt es sich nun noch immer um dasselbe Schiff?

Wir sprechen von „unserem Körper" und „unserem Gedächtnis", als wären es fixe Größen und ihr Wandel nur ein gelegentliches Versehen. In unserem Körper laufen in jeder Sekunde unzählige chemische und biologische Prozesse ab. Organe, Knochen, Haut – fast alle Körperzellen werden regelmäßig erneuert, nach etlichen Jahren ist der größte Teil des Körpers ersetzt.

Das Erstaunliche ist eigentlich nicht der Wandel selbst – sondern unser Erstaunen über ihn.

Warum ist die Bewusstheit des Wandels so wichtig?

Es liegt nahe zu sagen: Wenn sowieso alles vergeht, dann ist eh alles egal! Dahinter steckt die Resignation angesichts des Verlusts der Stabilität, der unser Streben vergeblich erscheinen lässt. Man kann aber auch sagen: Wenn sowieso alles vergeht, dann nimm das JETZT besonders sorgsam wahr, wertschätze den gegenwärtigen Moment und all die kleinen Dinge des Lebens.

Es ist eine Frage unserer Einstellung, ob wir den Wandel grundsätzlich als deprimierend und demütigend erleben oder ob wir ihm freundlich begegnen wollen. Dem Wandel selbst ist es egal, er wird sich durch unsere Einstellung nicht ändern.

Die Bewusstheit des Wandels hilft, die Prioritäten im Leben fundierter zu setzen. Was wirklich wichtig ist und was uns nur vom Alltag als dringend aufgedrängt wird, ruckelt sich dann zurecht. Sich vorzustellen, aus einer späteren Lebensperspektive zurück auf das Heute zu blicken, hebt den Kopf aus dem Alltagsdschungel.

Für den historischen Buddha war ein einziger Tag, an dem man ganz genau auf die Vergänglichkeit achtet, mehr wert als hundert Jahre unbewusst zu leben. Was mag der Grund dafür sein, dieser Betrachtung solche Wichtigkeit zu schenken? In seiner Logik führt die Bewusstheit des fortwährenden Wandels zum Loslassen der Illusionen und Identifikationen. Und dieses Loslassen führt zur großen Erleichterung, zur großen Befreiung.

Übungen zur Bewusstwerdung des Wandels

Man kann den Wandel zum Gegenstand der Kontemplation machen: sich bei jeder Situation und jedem Objekt bewusst machen: ES ÄNDERT SICH. Es hat sich geändert. Und es wird sich weiter ändern – das Wetter, unsere Freundschaften, die Gesichter der Menschen etc. Hilfreich kann auch sein, sich einmal ein großes Gefühl, eine große Sorge, diejenige von vor einem Monat oder einem Jahr, zu vergegenwärtigen. Wo ist das Gefühl jetzt, wo ist die Sorge hin?

Wir können uns klarmachen, dass wir eingebettet sind in diesen Fluss der Ereignisse, nur durch ihn leben. Dass in dem Moment, in dem wir uns stabil in diesem Moment wähnen, Abermillionen Bakterien in unserem Darm für uns arbeiten, unser Immunsystem in Aktion ist, das Blut in den Adern pulsiert – alles in Bewegung. Und dass auch unser Bewusstsein, mit dem wir dies wahrnehmen, ein Ausdruck von Veränderung in Form unserer Geistestätigkeit ist. Wir sind nicht stabile Dinge in wandelnder Umgebung, sondern wir sind selber Wandel.

Ein anderer Zugang zum Wandel besteht darin, die unmittelbare Wahrnehmung auf ihn auszurichten. Ihn nicht zu denken, sondern ihn zu erfahren: das Kommen und Gehen der Geräusche, der Körperempfindungen, der Gedanken und Gefühle. Und damit den Prozess des Entstehens und Vergehens selbst zum Objekt der Aufmerksamkeit zu machen. Ob im Alltag oder in der formellen Meditation.

Für die Nonnen und Mönche in buddhistischen Klöstern gehört die Bewusstwerdung des Wandels zum Kern ihrer Übung. So werden in manchen buddhistischen Klöstern die folgenden Verse täglich gesungen:

Alle Dinge sind vergänglich.
Das Entstehen und Vergehen ist ihre Natur.
Wer diese Wahrheit tief in sich trägt,
erfährt das höchste Glück – den großen Frieden.[10]

---

[10] Aniccā vata Sankhārā... aus Mahā Parinibbāna Sutta, z. B. in
https://puredhamma.net/dhammapada/anicca-vata-sankhara/, Übers. C. Mannewitz

Nicht-Wissen

Das Nicht-Wissen ist einer der wichtigsten Aspekte im Achtsamkeitstraining. Im Zen-Buddhismus wird es oft als „Don't-Know Mind" bezeichnet, als der Geist, der nicht weiß.

Was ist mit Nicht-Wissen gemeint?

Das bewusste Nicht-Wissen ist ein Eingeständnis der Tatsache, dass wir viel weniger wissen, als wir uns wünschen mögen. Es bedeutet, dass wir bereit sind zu erkennen, wann wir etwas nur vermuten oder plausibel finden und nicht wirklich wissen. Es ist ein Wissen um das Nicht-Wissen.

Das Nicht-Wissen ist aber auch eine Einstellung, es ist die Bereitschaft, ohne Voreingenommenheit sich den Erlebnissen des Tages zu stellen. Die Erwartungen und Konzepte zu erkennen und sich von ihnen lösen zu können, von der Haltung „kenne ich schon". Nicht-Wissen als Offenheit.

Schließlich kann das Nicht-Wissen auch erlebt werden, indem die Achtsamkeit sich unmittelbar an die Wahrnehmungen heftet, bevor unsere Konzepte und Vorstellungen das Wahrgenommene interpretieren. Das Geräusch als solches zu hören, ohne sich eine Vorstellung von der Ursache des Geräuschs zu machen. Nicht-Wissen in der unmittelbaren Wahrnehmung.

Warum vermeiden wir Nicht-Wissen?

Wissen erzeugt ein Gefühl der Sicherheit. Sowohl Sicherheit gegenüber der Welt als auch Selbstsicherheit. Aber diese Sicherheit ist trügerisch, denn die Welt ist in großen Teilen unvorhersehbar. Oft ziehen wir es vor, uns mit Scheinwissen, Vorurteilen oder Dogmen zufriedenzugeben, nur um dem Gefühl der Unsicherheit zu entgehen. Sich die Unsicherheit des Nicht-Wissens einzugestehen erfordert Mut.

Warum ist das Nicht-Wissen so wertvoll?

Das Nicht-Wissen sich einzugestehen, ermöglicht uns, die Welt offener und neugieriger zu erfassen. Je weniger Voreingenommenheit unseren Blick trübt, desto mehr können wir erkennen. Denn die Gewissheiten, mit denen wir die Welt betrachten, neigen dazu, alle unsere Erfahrungen in schon bekannte Kategorien einzuteilen. Dies gibt zwar Sicherheit und Halt. Aber eben auch Langeweile und Gewohnheit und führt zu Fehleinschätzungen.

Die Spaltung des Atomkerns wurde vermutlich schon in mehreren Laboren beobachtet, bevor Otto Hahn, Lise Meitner und Fritz Straßmann sie entdeckten. Aber die anderen Forschenden hatten die Sensation einer Kernspaltung übersehen, weil sie ihre Ergebnisse anhand von festen Erwartungen und Voreinstellungen interpretierten – die Möglichkeit einer Spaltung des als unzerstörbar geltenden Atomkerns kam für sie nicht in Betracht. Sie waren der Illusion ihres großen Wissens erlegen und hatten nicht die Offenheit, nach anderen Deutungsoptionen zu suchen.

Der Zen Meister Shunryu Suzuki schreibt in der ersten Zeile seines berühmten Buches „Zen-Geist Anfänger-Geist":

Im Geist des Anfängers gibt es viele Möglichkeiten –
in dem des Experten nur wenige.[11]

Bis zu einem gewissen Grade sind unsere Konzepte und Vorstellungen notwendig – nur mit ihnen können wir uns in der Welt zurechtfinden. Aber mit ihren Nebenwirkungen verengen und lähmen sie unsere Sichtweisen. Deswegen besteht die Aufgabe darin, die Konzepte zu erkennen und sie flexibel zu halten, um die Offenheit für das Unerwartete zu gewinnen.

Nicht-Wissen dämmt Vorurteile ein. Sich einzugestehen, dass ich von dem anderen Menschen viel weniger weiß, als mein Eindruck mir suggeriert, bewahrt mich davor, ihm Eigenschaften zuzuschreiben, die weit über das hinausgehen, was ich über ihn wirklich wissen kann. Schnelle Einschätzungen über andere Menschen sind bis zu einem gewissen Grad unvermeidbar und auch nützlich, aber wir tun gut daran, uns der Vagheit dieser Einschätzungen bewusst zu werden und sie jederzeit wieder aufgeben zu können.

Nicht-Wissen macht uns im Dialog mit anderen zu echten Gesprächspartnern. Wie oft meine ich schon am Anfang des Satzes zu wissen, wie der Satz meines Gegenübers enden wird. Aber wie frisch kann ein Dialog werden, wenn ich in jedem Moment offen bin für die Entwicklung des Austauschs!

Nicht-Wissen macht unsere Erlebenswelt spannender. Auch die kleinsten Verrichtungen des Alltags mit den Augen eines unvoreingenommenen Kindes zu sehen, öffnet uns für die Wunder des Alltäglichen – das Atmen, das Schmecken, das Hören. Es beschenkt uns mit wohligem Staunen und Dankbarkeit.

---

[11] Shunruy Suzuki: *Zen-Geist Anfänger-Geist: Einführung in die Zen-Meditation*, Bielefeld: Theseus 1975

Das Nicht-Wissen in Bezug auf das, was im nächsten Moment passieren wird, sorgt für Frische des Geistes und macht ihn wach. Es arbeitet der Langeweile und der Erlahmung in Routine entgegen. Und es ist ehrlich - denn wir wissen tatsächlich nicht, was im nächsten Moment geschehen wird. Wenn ich so offen bin, dass keine Erwartung mich mehr einengt, dann kann mich nichts mehr überraschen – und dennoch ist alles neu und einmalig.

Der größte Segen des bewussten Nicht-Wissens besteht im Loslassen einer gefühlten aber trügerischen Sicherheit. Wir verinnerlichen dabei, dass unsere Welt viel unsicherer ist, als wir sie uns wünschen mögen, wir viel weniger Kontrolle ausüben können als erhofft. Je entspannter wir dies aufnehmen können, desto mehr finden wir uns im Einklang mit der Natur wieder.

Drei Übungen aus dem Zen-Buddhismus

    1) Gib die Vorstellung auf, ein Experte zu sein!

    2) Betone mehr das Fragen als das Antworten!

    3) Mache nur das, was Du JETZT machst!

Loslassen

Das Loslassen gilt in großen spirituellen Traditionen als die wichtigste und großartigste Qualität des Geistes. Bei dem chinesischen Zen-Meister Hui Hai (8. Jahrhundert) heißt es:

> *Euch, die ihr auf der Suche nach der Wahrheit seid,*
> *möchte ich eine Sache ans Herz legen,*
> *in der alle Zehntausend Übungen*
> *und alle Vollkommenheiten enthalten sind:*
> *das Loslassen.* [12]

Gleichzeitig stellt sich die Frage, ob denn ein so umfassendes Loslassen überhaupt erwünscht sein kann. Führt es nicht zu einem passiven und fatalistischen Dahinvegetieren? Und vor allem: was soll losgelassen werden?

Was ist es, das losgelassen werden soll?

Als erstes sind die Konzepte, Vorstellungen und Meinungen gemeint, mit denen wir die Welt interpretieren, die wir ihr zuweilen regelrecht überstülpen. Trotzdem benötigen wir Konzepte, um überhaupt in der Welt zurechtzukommen – wie ein Autor einmal sagte: Ohne eine Vorstellung von der Welt zu haben, würde er morgens nicht wissen, wie er aus dem Bett kommen soll. Aber viele Vorstellungen hindern uns an einer unbefangenen Sicht auf die Welt, engen uns ein, beladen uns mit Vorurteilen.

---

[12] Vimalo Kulbarz: *Eine Handvoll Blätter*, Roseburg 1995, S. 61

Als Zweites ist der Wunsch nach Kontrolle über die Abläufe in der Welt loszulassen. Wir müssen zwar eingreifen und gestalten, um unser Leben und das unserer Anvertrauten in günstige Bahnen zu lenken, aber viel von diesem Wunsch nach Kontrolle besteht aus Zwanghaftigkeit und dem Anhaften an Liebgewordenem. Wie schwer fällt es uns, den unvermeidbaren Wandel der Dinge seinen Lauf nehmen zu lassen!

Drittens: Angezogen von den angenehmen Dingen und abgestoßen von den unangenehmen, pendeln wir zwischen diesen beiden Polen hin und her, in jeder Minute unseres Lebens durch diese beiden Antagonisten gesteuert. Loslassen bezieht sich auf die Bereitschaft, sich vom Haben- oder Halten-Wollen der angenehmen Dinge lösen zu können. Und ebenso auf die Bereitschaft, sich vom Weg-haben-Wollen der unangenehmen Dinge zu befreien. Es ist ein Loslassen des Wunsches, dass die Welt anders sein möge als sie ist.

Viertens: Schließlich bezieht sich das Loslassen auf unsere Neigung, sich mit dem Erleben und Handeln und dem Körper zu identifizieren. Wir sind stolz auf <u>unsere</u> Taten und wir <u>haben</u> bestimmte Gefühle. Wir haben eine bestimmte Position im Beruf, haben bestimmte geistige Eigenschaften und <u>besitzen</u> einen Körper.

Das Loslassen trägt der Realität insofern Rechnung, als sowohl unsere Fähigkeiten als auch unsere Besitztümer zu einem großen Teil nicht unser Verdienst sind. Wir konnten uns unseren Körper nicht aussuchen und auch unser Umfeld nicht, in dem wir aufwuchsen. Seltsame Gedanken und Gefühle kommen auch dann, wenn sie gar nicht erwünscht sind, sodass wir berechtigterweise daran zweifeln dürfen, Urheber unserer Gedanken zu sein. Wir sind letztendlich aus zahlreichen Bedingungen entstanden und dem Wandel unterworfen, sodass die Vorstellung eines stabilen und eigenständigen Ichs ins Wanken gerät.

Warum ist das Loslassen so wertvoll?

Es beschert den großen Frieden, der sich im Moment des Loslassens einstellt. Es öffnet den Kontakt zu dem großen Glück, das im stillen Sein immer vorhanden ist.

Loslassen ermöglicht das Freisein von der Gebundenheit an Mögen und Nicht-Mögen. Als biologische Gattung sind wir von der Evolution gemacht worden zum Wollen und Nicht-Wollen – dies ist unsere Antriebskraft. Aber das Loslassen ist das, was uns das tiefe Glück bescheren kann, das von äußeren Bedingungen unabhängig ist.

Loslassen öffnet uns für unbefangenes und frisches Erleben und befreit von Vorurteilen und dem Ersticken in Routine. Damit eröffnet sich die Chance zu echten Entscheidungen und Handlungen, ohne den Einflüsterungen des Egos mit seinen Sorgen und Nöten ausgeliefert zu sein. Befreit von den ich-bezogenen Färbungen der Wahrnehmung ist ein authentischer Umgang mit anderen Menschen möglich.

Wie passen Loslassen und Handeln zusammen?

Die erste Möglichkeit ergibt sich dadurch, dass Tun und Lassen zu verschiedenen Zeiten und Anlässen ihren jeweiligen Platz haben. Dies wird sehr schön ausgedrückt in dem berühmten Gelassenheitsgebet, dem verschiedene Urheber zugeschrieben werden (möglicherweise Reinhold Niebuhr, US-amerikanische Theologe und Philosoph):

Gott, gib mir die Gelassenheit,
Dinge hinzunehmen, die ich nicht ändern kann,
den Mut, Dinge zu ändern, die ich ändern kann,
und die Weisheit, das eine vom anderen zu unterscheiden.[13]

Das Gebet macht deutlich, dass es um das Loslassen-<u>Können</u> geht und dass die große Kunst darin besteht, die richtigen Situationen für das Loslassen zu erkennen.

Es gibt aber auch ein Loslassen <u>im</u> Tun, so paradox es erscheinen mag: Da ist einmal das Loslassen der Erwartung, mit meinem Handeln ein bestimmtes Ziel zu erreichen. Zwar handle ich mit einer Zielrichtung, aber ob am Ende alles nach meinen Vorstellungen ausgeht, ist nicht nur in meiner Hand. Je stärker ich mich mit meiner Erwartung an einen bestimmten Ausgang meines Tuns binde, desto enger wird meine Perspektive.

Zum anderen gilt es, beim Handeln auf das Motiv zu achten: Ist es Aversion gegen die Umstände, die mich zum Handeln treibt, oder ist es Mitgefühl für mich und andere? Dieser Unterschied ändert entscheidend die Qualität meines Handelns – das Loslassen der Aversion bereinigt mein Handeln.

Schließlich kann ich im Tun die Identifikation mit meinem Handeln aufgeben. Ich räume damit ein, dass in meine Handlungen zahlreiche biologische und soziale Determinanten eingehen. Ich bin zwar im sozialen Kontext gesehen der Urheber und übernehme Verantwortung für das, was ich tue, aber ich lasse ego-zentrierte Sichtweisen fallen wie Stolz oder Selbstgerechtigkeit oder Schuldgefühl.

---

[13] https://de.wikipedia.org/wiki/Gelassenheitsgebet (2.9.2019)

Die Übung des Loslassens

Eine wertvolle Hilfe zum mentalen Loslassen ist die körperliche Entspannung. Mit jedem Entspannungsschritt lösen sich auch die Knoten und Verhaftungen in unserem Geist.

In der meditativen Praxis kann am Beispiel des Atems das Loslassen geübt werden: den Atem so geschehen lassen, wie er von selbst geschieht, mit allen Schwankungen und Unsicherheiten. Ihn so sehr als von-selbst-geschehend erleben, dass zuweilen das Gefühl „ich atme" von einem „es atmet" abgelöst wird.

Sehr gut eignet sich der Fokus auf Geräusche, da sie in der formellen Meditation tatsächlich nicht beeinflusst werden können. Je weniger ihre Wahrnehmung von Mögen und Ablehnung gefärbt wird, desto reiner ist das Erleben. Ein entscheidender Schritt ist vollzogen, wenn jegliche Vorstellung von der Geräuschquelle fallengelassen werden kann und nur das Geräusch „an sich" bleibt. Auch Körperempfindungen eignen sich zum Üben des Loslassens, wenn die Konzepte vom Körper sich verlieren und die Vorlieben und Abneigungen verblassen.

Besonders eindrucksvoll wird das Loslassen, wenn die Gedanken und Gefühle als mentale Vorgänge des Geistes erlebt werden, die als natürliche Phänomene kommen und gehen, ohne dass man ihren Inhalten ausgeliefert sein muss und ohne dass sie zu jemandem zu gehören scheinen. Der burmesische Mönch und Meditationsmeister U Tejaniya drückt diese Paradoxie manchmal so aus: *Es ist nicht dein Geist. Aber du bist verantwortlich für ihn.*

In einem Vortrag erläuterte eine buddhistische Lehrerin die großen Vorzüge des Loslassens: dass man mit dem Leben fließen solle wie man in einem Fluss treibt, ohne sich gegen den Strom zu stemmen oder sich mühselig an den Bäumen am Ufer festzuklammern. Daraufhin wandte ein Teilnehmer ein: „Nur tote Fische schwimmen mit dem Fluss!"

Vielleicht kann man diesem Einwand so begegnen: Das hier gemeinte Loslassen ist nicht als passives Sich-treiben-lassen zu verstehen. Es beinhaltet Entscheidungen mit Tatkraft, aus einer gelassenen Klarheit heraus und an den Bedingungen der Realität orientiert. So wie der Fisch mit dem Strom treibend die Ufer besuchen kann, Stromschnellen umschwimmen und für die eine oder andere Mahlzeit seine Richtung ändern kann, zeitweise auch gegen den Strom, sich dabei aber immer den Gegebenheiten des Stroms anpassend.

Wohlwollen, Mitgefühl, Metta

Und alle Zeit, die nicht mit dem Herzen wahrgenommen wird,
ist so verloren wie die Farben des Regenbogens für einen Blinden
oder das Lied des Vogels für einen Tauben.

Michael Ende in „Momo"[14]

Die Praxis der Achtsamkeit liefert tiefe Einsichten in die Natur der Dinge. Für sich allein genommen fehlt ihr jedoch eine Dimension – Mitmenschlichkeit und Liebe. Im Buddhismus wird deshalb neben der Achtsamkeit auch die Praxis des liebevollen Wohlwollens kultiviert. Beide Aspekte gelten dort wie die beiden Flügel eines Vogels, die nur gemeinsam seinen Flug ermöglichen.

Die Kognitions- und Neurowissenschaftlerin Tania Singer hat in einer großen Studie[15] zeigen können, dass das ausschließliche Training von Präsenz mit engem Fokus – etwa auf den Atem – keinen Beitrag zu altruistischem Verhalten leistet und erstaunlicherweise auch bei sozialem Stress weitgehend wirkungslos bleibt.

Achtsamkeit im weiten Sinn enthält jedoch eine freundliche und akzeptierende Haltung sowie eine Öffnung für alle Erscheinungen. Wenn Achtsamkeit auf diese Weise trainiert wird, stärkt sie die Empathie auf breiter Front, denn sie

o   fördert das Erkennen der eigenen Emotionen und damit auch das Einfühlen in fremde. In Tests wurde gezeigt, dass

---

[14] Michael Ende: *Momo*, Stuttgart: Thienemann 2013, S. 178
[15] https://www.resource-project.org/index.php?id=1

achtsamkeitsgeschulte Menschen in den Gesichtern anderer Menschen Emotionen schneller und treffsicherer erkennen können,

o fördert Akzeptanz und Selbstakzeptanz,

o verringert den Stresspegel und damit ein Hindernis für das Mitfühlen. Eine Erkenntnis der Psychologie besagt, dass gestresste Menschen weniger zu Empathie fähig sind,

o verringert auf lange Sicht die Selbstbezogenheit der Wahrnehmungen. Die durch die Filter von Bedürfnissen und Ängsten beeinflusste Wahrnehmung wird durch einen klareren und offeneren Blick auf andere Menschen ersetzt,

o fördert die Erkenntnis, dass das, was anderen widerfährt, auch uns passieren kann. Wir erfahren, wie wenig Kontrolle wir über die Geschehnisse im Leben haben und wie sehr wir von anderen Menschen abhängig sind. Dies führt zu engeren Beziehungen und fördert prosoziales Verhalten,

o stabilisiert den Geist und fördert die Wachsamkeit im gegenwärtigen Moment (Präsenz). Auch wenn Präsenz Empathie nicht direkt fördert, so ist sie eine notwendige Bedingung dafür, dass die anderen Faktoren wirksam werden können.

Das Sich-einfühlen-Können in andere Menschen ist aber kein Garant für Altruismus. Auch wenn man einem „empathischen Menschen" in der Regel Warmherzigkeit zuschreiben würde, hat der Empathiebegriff in letzter Zeit einen ambivalenten Ruf bekommen. Denn als reines Sich-einfühlen-Können verstanden, kann Empathie auch für negative Zwecke benutzt werden, etwa von einem Werbetexter, der ein schädliches Produkt als begehrenswert oder einen Diktator als liebenswert erscheinen lässt. Sogar der Sadist benutzt Einfühlung für seine Grausamkeiten. Empathie in diesem engeren Sinn hat also keine ethische Implikation.

Und für einen selbst kann ein Zuviel an Empathie zu Problemen führen, wenn nämlich der Anblick des Leidens zu Überforderung führt. Als Schutzreaktion vor dem Mit-Leiden entsteht Abwehr, Gleichgültigkeit oder Zynismus. Man spricht dann von „empathischem Stress", und dieser gilt besonders in helfenden Berufen als eine Ursache für Burn-out. Es ist erwiesen, dass Hilfsbereitschaft bei starker spontaner Einfühlung rapide abnehmen kann.

Obwohl also Empathie keinen Garanten für Mitmenschlichkeit darstellt, ist sie dennoch eine notwendige Voraussetzung für Mitmenschlichkeit. Nur durch das Erkennen, dass der andere ebenso nach Glück sich sehnt und leidensfähig ist, können sich aktives Helfen und Solidarität entwickeln. So wurde in Experimenten gezeigt, dass Menschen vor allem dann hilfreich eingreifen, wenn sie sich vorstellen können, selbst in eine vergleichbare Lage zu kommen.

Wenn Empathie also in die richtige Bahn gelenkt werden soll, muss es noch etwas anderes geben, das die zweite Komponente neben der Achtsamkeit ausfüllt. Dies ist das „liebevolle Wohlwollen" – im Buddhismus „Metta" genannt. Das Wort gründet auf zwei sprachlichen Wurzeln: zum einen „sanft", zum anderen „Freund". Manche nennen es einfach nur Freundlichkeit (der Dalai Lama: „Meine Religion ist Freundlichkeit"). Andere umschreiben es mit „liebender Güte".

Metta meint eine Haltung des Wohlwollens und der Fürsorge, ohne sich mit dem anderen zu identifizieren. Sie kann sich auf eine eher kurzfristige Emotion beziehen, aber auch auf eine grundlegende Einstellung zum Leben. Sorgfältig getrennt werden muss sie von der leidenschaftlichen oder anhänglichen Liebe. Denn ein wesentliches Kennzeichen von Metta ist die Nicht-Anhaftung, also die Liebe, die nichts erwartet, die selbstlos ist.

In der buddhistischen Karaniya Sutra (Hymne der universellen Liebe) wird Metta mit folgenden Worten besungen:

> *Wie eine Mutter mit ihrem Leben*
> *ihr einzig Kind beschützt und behütet,*
> *so möge man für alle Wesen und die ganze Welt*
> *ein unbegrenzt gütiges Gemüt erwecken:*
> *ohne Hass, ohne Feindschaft, ohne Begrenzung*
> *nach oben, nach unten und nach allen Seiten.*[16]

Metta bezieht sich auf alle Lebewesen, auf Menschen und auf Tiere. Und es schließt auch die Menschen ein, die wir als fern und neutral empfinden, genauso wie diejenigen, die wir verabscheuen oder fürchten. Denn aus übergeordneter Sicht sind alle Menschen liebenswert, sie streben nach Glück und sind durch ihre Anlagen und Umstände geprägt.

Es ist eine große Herausforderung, Metta auch auf problematische oder sogar feindliche Personen zu beziehen. Eine positive Grundeinstellung heißt nicht, dass man alles gut findet. Aber die negativen Aspekte sollen ihren Schleier nicht über alles werfen dürfen, Tat und Täter kann man mitunter trennen. Mit einer grundlegend freundlichen Einstellung erreicht man bei unangenehmen Menschen mehr als mit einer Totalablehnung. Vor zweieinhalbtausend Jahren drückte das der historische Buddha so aus:

---

[16] Vimalo Kulbarz: *Eine Handvoll Blätter*, Roseburg: Goedeke 1995, S. 51

Hass kann niemals Hass vertreiben.
Nur Liebe vermag den Hass zu besiegen.
Dies ist das Universelle Gesetz, alt und unerschöpfbar.[17]

Metta-Praxis fördert Solidarität und Hilfsbereitschaft und hilft so dem Mitmenschen. Aber sie hilft auch dem ausübenden Menschen selbst. Denn Hass schadet vor allem demjenigen Menschen, der ihn in sich trägt – durch die körperlichen Folgen und die gestörten Beziehungen zu den Mitmenschen. Dagegen kann die Meditation des liebevollen Wohlwollens in erstaunlichem Maße die eigene Seele erfüllen. In zahlreichen Untersuchungen wurden ihre segensreichen Wirkungen wie Verringerung von sozialem Stress, größere soziale Verbundenheit, Zufriedenheit, Ausgeglichenheit etc. nachgewiesen.

Wenn sich das Wohlwollen speziell auf eine Person in einer schwierigen und leidvollen Situation bezieht, spricht man im Buddhismus von „Karuna", im Englischen sagt man „compassion", im Deutschen hätte man früher „Mitleid" oder „Barmherzigkeit" gesagt. Heute spricht man meist von „Mitgefühl", was jedoch leicht mit „Empathie" verwechselt werden kann. Es schließt den Wunsch nach Linderung des Leidens ein und ist deutlich zu trennen von einem oberflächlichen „Bemitleiden" (engl.: „pity").

Der Anblick von Leid führt leicht zu Überforderung und Abwendung. Karuna hingegen öffnet sich für das Leiden aus einem stillen Gewahrsein der Dinge heraus, so wie sie sind. Es geht einher mit dem Gefühl der Verbundenheit mit den leidenden Wesen. So

---

[17] Dhammapada, Vers 5, zitiert nach Lawrence R. Ellyard: *Buddha für das tägliche Leben*, Freiamt 2009, S. 22

verhindert sie die Verleugnung des Leids und befähigt zum altruistischen Handeln.

Im Buddhismus gehören Metta und Karuna zu den „vier himmlischen Verweilstätten" oder den „vier Unermesslichen" – ein Hinweis darauf, dass die Praxis von Metta und Karuna tiefstes Glück bescheren kann.

Eine Geschichte aus dem Zen-Buddhismus:

> In einer Lehrstunde fragt die Meisterin ihre Schülerinnen: Kann mir jemand von euch sagen, wann die Nacht endet und der Tag beginnt? Nach einigem Zögern meldet sich eine Schülerin und spricht: Ich glaube, die Nacht endet und der Tag beginnt, wenn man eine Katze von einem Fuchs unterscheiden kann.
>
> Die Meisterin ist nicht zufrieden. Eine andere Schülerin sagt: Ich glaube, die Nacht endet und der Tag beginnt, wenn man einen Apfelbaum von einem Birnbaum unterscheiden kann. Wieder ist die Meisterin nicht zufrieden.
>
> Die Schülerinnen drängen sie zu einer Antwort, bis die Meisterin schließlich sagt: Die Nacht endet und der Tag beginnt, wenn ihr nach Belieben in ein Gesicht sehen könnt und dort weder einen Fremden noch eine Fremde erblickt, sondern in ihm oder ihr einen Teil von euch selbst erkennt.[18]

Übrigens verordnete der Buddha seinen Mönchen die Kultivierung von Metta, um ihre Angst in den Wäldern zu überwinden – Metta als Mittel gegen Angst!

---

[18] Sandy Taikyu Kuhn Shimu: *Das Tao der Worte. Zen-Geschichten, die das Herz und den Geist bewegen*, Schirner Verlag, 2013.

Spiritualität

Was geschieht, wenn man Achtsamkeit über das Ziel der Stress-reduktion hinaus betreibt? Wenn die Motivation in einen Bereich hineinführt, den man als „spirituell" bezeichnen könnte?

Mit „spirituell" ist hier nicht „esoterisch" gemeint. Es dreht sich also nicht um magische Zusammenhänge, um durch Gurus vermit-teltes Geheimwissen oder hochspekulative Welterklärungen. Es ist auch nicht der religiöse Bereich gemeint, der oft mit bedeutungs-schweren Ritualen und Symbolen, Glaubensbekenntnissen, Autori-tätsglauben und Dogmen einhergeht.

Mit „spirituell" ist hier eine Einstellung gemeint, die sich frei-macht von Erwartungen und Glaubensrichtungen, die bereit ist, sich für jede Erfahrung unvoreingenommen zu öffnen. Sie ist durchdrungen von der Sehnsucht nach Erkenntnis und setzt den Mut voraus, unsere Weltsicht und unser Selbstbild grundlegend infrage stellen zu können. Ihr Mittel ist nicht das diskursive oder konzeptionelle Denken, sondern der stille und klare Geist, der mit scharfer Achtsamkeit tief in die Erfahrungen eindringt.

Der Buddhismus ist wohl die einzige Religion, die einen Weg anbietet, das große Ziel der Erlösung durch Erkenntnis anzustre-ben. Mithilfe der Achtsamkeit soll die Wurzel des Leidens ergrün-det und so eine grundsätzliche Befreiung erlangt werden. Die Er-leichterungen des Alltags, wie sie zum Beispiel MBSR[19] mit der Reduktion von Stress anstrebt, werden eher als Beigaben auf dem großen Weg angesehen.

---

[19] MBSR - Mindfulness Based Stress Reduction (Jon Kabat-Zinn)

Nach der Logik des buddhistischen Weges liefert Achtsamkeit tiefe Einsichten in die Natur der Dinge. Diese Einsichten führen zu einem grundlegenden Loslassen und dies wiederum zu umfassendem Frieden und zu einem Glück, das in unserem Inneren wurzelt.

Die von der Achtsamkeit vermittelte Einsicht enthält unter anderem folgende Aspekte:

o   die Vergänglichkeit der Dinge

o   die „Leerheit" der Dinge

o   das „Nicht-Selbst"

Die Einsicht in die Vergänglichkeit geht über das rationale Verständnis hinaus und bezieht sich auf ihre gelebte Erfahrung und tiefe Verinnerlichung. Als Folge davon löst sich die Illusion einer stabilen Welt und ein Prozess des Loslassens und der Gelassenheit kommt in Gang.

Mit „Leerheit" ist gemeint, dass am Anfang unserer Erkenntnis reine Sinneswahrnehmungen stehen, denen der Geist eine Deutung hinzufügt. Dem Geräusch ordnet er „näherkommendes Auto" zu, den farbigen schwankenden Formen „Sonnenblume im Wind". So werden aus den Sinneseindrücken reale Objekte. Unsere strukturiert erscheinende Welt erklärt sich als das Zusammenwirken dieser unmittelbaren Sinneserfahrungen und den hinzugefügten Konzepten des Geistes. Die Achtsamkeit kann, wenn sie scharf genug ist und dicht an die Erscheinungen herangeht, das Erleben auf die unmittelbaren Sinneseindrücke zurückbrechen. Wenn man also zum Ursprung unserer Erfahrung geht, sind die Erscheinungen „leer".

Mit „Nicht-Selbst" wird umschrieben, dass den Dingen kein eigenes Selbst zukommt, dass auch dieses „Selbst" vom Geist hinzugefügt wird. Es umschreibt damit die „Leerheit" aus einer etwas anderen Perspektive. Hierbei ist vor allem das eigene Selbst betroffen. Mit zunehmender Achtsamkeit wird unsere Erfahrungswelt als eine Ansammlung von Sinneserscheinungen aufgeschlossen, die vom Geist als „mein" interpretiert werden. Das „Ich" als scheinbarer Hintergrund dieser Erfahrungen wird als Deutung des Geistes entlarvt. Als Vorstellung mag dies erschreckend wirken, als Erlebnis wird es zutiefst befreiend empfunden. Wie ein großer Meditationsmeister einmal sagte: *No self, no problem.*

Die Erfahrung der „Ich-Losigkeit" ist vielen Menschen bekannt, sie kann aufscheinen, wenn man tief in einer Tätigkeit versunken ist und ganz in ihr aufgeht. Oft merkt man erst im Nachhinein, dass das Gefühl der Urheberschaft gefehlt hat. Es wirkt so, als habe man sich selbst dabei vergessen.

Beim spirituellen Weg geht es jedoch um mehr, nämlich um das Durchschauen des illusionären Charakters des Ich-Gefühls als des scheinbaren Zentrums der Erfahrung. Die Ich-Deutung selbst wird zu einem Objekt der Achtsamkeit. Im Gegensatz zum Krankheitsbild der Depersonalisierung oder Selbstentfremdung ist hier die Ich-Erfahrung weiterhin vertraut, sie steht jederzeit zur Verfügung. Denn selbstverständlich benötigen wir in unserer alltäglichen Welt ein stabiles Ich und ein Du, wir benötigen diese Unterscheidungen, um interagieren zu können.

Die Ich-Erfahrung und die Ich-Losigkeit sind zwei Erlebensebenen, die sich ergänzen. Wie beim Betrachten eines Fotos: ich sehe auf dem Bild meine Familie vor dem Alpenpanorama. Gleichzeitig weiß ich, dass es farbige Kleckse auf weißem Papier sind und die Familie eine ergänzende Deutung meines Geistes. Beide Erkenntnisebenen durchdringen sich und sind unverzichtbar

Man kann sich der Leerheit und dem Nicht-Selbst auch gedanklich annähern. Zum Beispiel indem man sich bewusst macht, dass alle Dinge dieser Welt zutiefst miteinander verwoben sind und kein einziges Objekt oder Lebewesen allein für sich existieren kann. Durch diese Verwobenheit ist alles entstanden und wird sich auch wieder auflösen. Die Eindeutigkeit der Objekte verschwimmt.

Es gibt auch empirische Hinweise für den konstruierten Charakter des „Ichs". Berühmt ist das Gummihand-Experiment, bei dem durch geschickten Versuchsaufbau das Streicheln einer künstlichen Gummihand als das Streicheln der eigenen Hand empfunden wird. Der Geist fügt die „Mein-Körper"-Empfindung der optischen Sinneserfahrung hinzu. Dies wurde inzwischen auch in Experimenten für den ganzen Körper gezeigt.[20]

Und auch der umgekehrte (seltene) Fall ist belegt: Es gibt Menschen, die einzelne Körperteile als nicht zu ihnen gehörig erleben, obwohl sie „funktionieren" und Sinnesreize vermitteln. Sogar einzelne Körperfunktionen wie Hören oder Sehen können als nicht zu der Person gehörig empfunden werden (Body Integrity Identity Disorder, BIID). Was wir als selbstverständlich voraussetzen, das Gefühl für „mein", ist also eine Dienstleistung des Geistes.

Für den Philosophen Thomas Metzinger, der sich der Philosophie des Geistes widmet, ist „das Gefühl, Sie selbst zu sein, also Ihr Ich-Bewusstsein, [...] eine Simulation Ihres Gehirns, ein inneres Modell".[21]

---

[20] Vgl. Thomas Metzinger: *Der Ego Tunnel – Eine neue Philosophie des Selbst. Von der Hirnforschung zur Bewusstseinsethik,* Berlin Verlag, Berlin 2009, S. 113, 145 ff.
[21] Thomas Metzinger im Interview mit Eva Wolfangel, https://www.heise.de/tr/artikel/Bewusstsein-ist-eine-Simulation-des-Gehirns-3280683.html.

Soweit der rationale Zugang zu dem Thema. Entscheidend ist jedoch die Erfahrung, das Erleben dieser Aspekte. Buddha, nach einer Kurzfassung seiner Lehre gefragt, sagte:

> *An nichts sollte man sich hängen*
> *und als „Ich" oder „meins" ansehen.*
> *Wer diese Wahrheit gehört hat,*
> *hat die ganze Lehre gehört.*[22]

Wir sind als Lebewesen dazu gemacht, nach dem Angenehmen zu streben, es halten zu wollen und das Unangenehme zu vermeiden. Deswegen ist das Loslassen so schwer und erscheint geradezu unnatürlich. Aus buddhistischer Sicht ist dies aber die Ursache für all unsere Probleme.

Die Wurzel dafür liegt in dem Gefühl von „Ich" und „mein". Das Anhaften endet, sowie das Ich-Gefühl durchschaut wird. Dazu dient die Erfahrung von Vergänglichkeit, Leerheit und Nicht-Selbst. Diese Erfahrung wird durch Achtsamkeit vermittelt.

Das ist auch der Grund für die Anleitung des Buddha in der Bahiya Sutra (siehe Kapitel „Die Bahiya Sutra"). Hier noch einmal die Worte, ergänzt mit seiner Begründung:

> *Wann immer du etwas siehst – belasse es beim Sehen.*
> *Wann immer du etwas hörst – belasse es beim Hören.*
> *Wann immer du etwas wahrnimmst –*
> *belasse es beim Wahrnehmen. [...]*
> *So sollst du dich üben.*

---

[22] Zitiert nach Joseph Goldstein: *One Dharma*, HarperCollins 2002, S. 134, Übers. C. Mannewitz

Denn wenn du dich beim Sehen auf das Sehen beschränkst,
beim Hören auf das Hören,
beim Wahrnehmen auf das Wahrnehmen, [...]
dann ist weder dort noch hier etwas,
[das sieht, hört, wahrnimmt] [...]
Dies, nur dies, ist das Ende allen Leidens.[23]

Soweit das buddhistische Programm. Für den indischen Weisen Ramana Maharshi (1879–1950) waren die spirituellen Lehren viel zu kompliziert, er reduzierte den Weg zum großen Glück auf ein einzige Aufforderung: Frage dich immerzu: *Wer (oder was) bin ich?* Erforsche das, was du als dein tiefstes Ich empfindest, und entdecke, dass du keine Antwort finden wirst!

Auch die christlichen Mystiker folgten dieser Spur, beispielsweise Meister Eckehart und Johannes Tauler:

Der Weg lautet: „Ich bin nichts"!
Ach, welch unaussprechliches Leben
liegt in diesem „Ich bin nichts"![24]

Wie sich im Alltag die Umsetzung dieser Erkenntnis auswirken könnte, illustriert die Legende vom Meister, der sich auf eine Reißzwecke setzt und laut „Aua" schreit. Woraufhin sich ein Schüler entrüstet abwendet, weil er davon ausging, dass der erleuchtete Meister keinen Schmerz mehr spüren würde. Daraufhin der Meister lächelnd zu einem anderen Schüler: „Wenn er nur wüsste, dass da niemand ist, der ‚Aua' gesagt hat."

---

[23] Udana 1.10, PTS: Ud6, zitiert nach Amaro Bhikkhu, *Small Boat, Great Mountain*, Abhayagiri Buddhist Monastery, 2003, S. 19, Übersetzung C. Mannewitz
[24] Johannes Tauler, zitiert nach: Karin Stegemann: Warum aber werden wir nicht weise?, Octopus Verlag, Wien 1990, S. 100.

Anhang 1

Kritische Einwände zur Achtsamkeit

In der Öffentlichkeit gibt es viele kritische Einwände gegen die Praxis der Achtsamkeit. In der großen Begeisterung für die „Achtsamkeits-Bewegung" gehen diese Bedenken oft unter. Sie verdienen jedoch sorgfältige Beachtung, denn mit ihnen lassen sich manche Missverständnisse und falsche Erwartungen herausschälen.

1) „Meditation ist nur für Esoteriker."

Nein! Achtsamkeits-Meditation hat nichts zu tun mit magischen Ritualen, Trance-Zuständen oder Guru-Verehrung. Im Gegenteil: Die klare Aufmerksamkeit für alles, was jetzt geschieht, ist handfest und realitätsnah. Zu diesem Zweck schult Meditation die Wachheit des Geistes bei gleichzeitiger Entspannung. Hoffnungen auf außersinnliche Fähigkeiten wie Hellsehen oder Psychokinese sind unangebracht. Der Nutzen von Meditation ist in vielen Untersuchungen gezeigt worden und ihre Auswirkungen werden weiterhin intensiv von der wissenschaftlichen Forschung begleitet.

2) „Meditation ist nur für Leute, die mit Stress nicht klarkommen."

Nein! Es gibt viele Motive für die Praxis, eines davon ist das Leiden an chronischem Stress. Weitere Motive finden sich in dem Umgang mit Krankheiten, seelischem Kummer oder Angst um die Zukunft. Für manche Menschen ist es mehr eine Vorsorge, eine Stärkung der seelischen Kräfte, um den Unwägbarkeiten des Lebens besser begegnen zu können.

Für andere Praktizierende ist der Antrieb positiv motiviert, etwa durch die Neugierde, den eigenen Geist zu erforschen, das Leben tiefgründiger zu verstehen, in echten Kontakt mit dem eigenen Leben zu kommen. Oder einfach nur das Verlangen, das Glück eines stillen und klaren Geistes genießen zu können.

3) „Achtsamkeit ist nicht von vornherein moralisch gut. Sie kann für negative Absichten benutzt werden."

Stimmt! Achtsamkeit im engen Sinn enthält keine ethische Implikation. Sie kann dem Scharfschützen zur Konzentration bei einem Mord verhelfen und dem Ausbeuter beim Distanzieren von seinen Skrupeln. In diesem Sinne ist die Achtsamkeit wie ein Messer: Man kann es zum Nutzen oder zum Schaden verwenden, ohne dass das Messer per se nützlich oder schädlich wäre.

In einer weniger engen Auffassung von Achtsamkeit beziehen wir das grundlegende Wohlwollen gegenüber Menschen und Tieren mit ein. Dadurch erhält die Achtsamkeit einen Kompass für eine ethische Ausrichtung. Und im religiösen Kontext stellt die Achtsamkeitspraxis nur einen Teil des Weges dar: Im Buddhismus, dem die Achtsamkeitsschule entnommen ist, gehört zur Übung auch die Entwicklung einer ethischen Lebensführung als wesentlicher Partner der Achtsamkeit.

4) „Mit der Achtsamkeitspraxis schottet man sich von der Umwelt ab und betreibt Nabelschau. Sie fördert Egoismus und Selbstbezug."

Verständlich, es sieht so aus. Jedenfalls in der formellen Meditation. Aber die Meditation hat das Ziel, sich in der Zurückgezogenheit ganz dem Erforschen des Geistes zu widmen, um danach die Erkenntnisse und Fähigkeiten im Leben anwenden zu können. So wie ein Besuch im Fitnessstudio auch seinen Nutzen für das Leben außerhalb des Studios hat.

Wobei der Begriff „Nabelschau" sicherlich unzutreffend ist, da die Übung nicht um das „Ich" kreist, sondern im Gegenteil die Identifizierung mit dem „Ich" löst. Die informelle Übung der Achtsamkeit (also außerhalb der formellen Meditation) findet im Alltag statt und stellt damit sowieso keine Abschottung von der Welt dar.

5) „Das Nicht-Bewerten in der Achtsamkeitspraxis macht lebensuntauglich."

Nein! Es gibt Bewertungen, die unseren Blick einschränken, uns quälen und unserem Handeln abträglich sind. Oft sind sie hartnäckige Gewohnheiten des Geistes. Achtsamkeit hilft, diese Bewertungen zu erkennen, um sie dann fallen lassen zu können.

Andere Bewertungen oder Urteile sind nötig, um uns im Leben zurechtzufinden und ein sinnvolles Leben zu führen. Achtsamkeit hilft der Urteilsfähigkeit dabei, den Unterschied zwischen beiden Fällen zu erkennen.

6) „Achtsamkeit fördert eine passive Haltung – man lässt alles teilnahmslos geschehen und grinst dabei zufrieden in sich hinein."

Richtig ist: Die <u>Fähigkeit</u> zu Akzeptanz wird geschult. Dies führt unter anderem zu Zufriedenheit und Glück. Falsch ist, dass <u>alles</u> akzeptiert werden soll.

Man entwickelt also die Fähigkeit, akzeptieren zu <u>können</u>. Was ich jedoch akzeptieren sollte, ist eine Frage der Urteilskraft, die auf der Basis von Ethik und Vernunft entschieden werden muss. Wobei es auch Unterschiede dabei gibt, wie etwas akzeptiert wird. Es gibt selbstgefällige und passive Akzeptanz, es gibt aber auch eine Akzeptanz, die zur Kenntnis nimmt, dass etwas so ist, wie es ist, und darauf aufbauend den Raum für bewusstes Handeln bereitstellt.

7) „Achtsamkeitspraxis führt zum Distanzieren von Gefühlen und Situationen. Man hält sich aus dem Leben heraus und wird gleichgültig."

Nein! Achtsamkeit führt zu einer Intensivierung der Erfahrung, da der Fokus auf das <u>Erleben</u> in diesem Moment gerichtet wird. Gleichzeitig wird ein Loslassen der Identifizierung angestrebt, ein Loslassen des Anhaftens oder Ablehnens, was dann leicht mit „Distanzieren" verwechselt wird. Eine Paradoxie, aber kein Widerspruch.

Auch die häufig benutzte Formulierung, dass die Empfindungen und Gefühle in der Achtsamkeitspraxis „beobachtet" werden, trägt zu diesem Missverständnis bei. Oft ist es angebrachter, von „erleben" oder „erfahren" oder von „Bewusstheit" zu sprechen.

8) „Mit Meditation kann man unangenehme Erfahrungen machen."

Stimmt! Beim Meditieren kann man auch unangenehme Erfahrungen erleben. Es ist kein Wellness-Programm. Mit Achtsamkeit schauen wir der Realität ins Auge, und dafür braucht man manchmal Mut. Einen angemessenen Umgang mit dem Unangenehmen zu finden ist dann die Herausforderung für die Übungspraxis.

9) „Achtsamkeit richtet den Fokus auch auf schmerzhafte Erfahrungen und verstärkt damit das Leiden."

Richtig ist, dass Achtsamkeit sowohl angenehme als auch unangenehme Erfahrungen einbezieht. Dies kann in manchen Fällen zu Überforderung führen. Dann ist es sinnvoll, sich durch äußere Maßnahmen oder Ablenkungen vom Schmerz abzuwenden.

In anderen Situationen führt das genaue Erforschen der unangenehmen Erfahrung dazu, dass das Wesen des Leidens tiefer erkannt werden kann, z. B. der Widerstand oder die Identifikation mit dem Schmerz. Somit wird die Möglichkeit geschaffen, sich von der Ursache des Leidens befreien zu können.

10) „Achtsamkeit führt zu Übersensibilität."

Richtig ist, dass die Übung der Achtsamkeit die Sinnesempfindungen schärft. Dies kann zu Überforderung führen. Dann sollte der Fokus verändert werden. Sogar ein inneres Abschotten oder bewusstes Ablenken kann dann das geeignete Mittel sein. Auch dies gehört zur Achtsamkeit: Eine Überforderung zu erkennen und Selbstfürsorge zu betreiben.

Wenn bereits eine Neigung zu Hypersensibilität vorliegt, kann Achtsamkeits-Meditation diese verstärken und kontraindiziert sein.

11) „Man kann Achtsamkeit übertreiben. Wie bei einem Medikament ist die Dosis entscheidend, sonst drohen Angstzustände, Schlafstörungen und Ähnliches."

Mit dem Training der Achtsamkeit üben wir die Präsenz im gegenwärtigen Moment, unser grundlegendes, entspanntes Wachsein. Grundsätzlich gibt es hier keinen Anlass für Beschränkungen. Aber je nach Person und Situation kann es sinnvoll sein, formelle Übungszeiten zu begrenzen, wenn beispielsweise Unruhe oder unangenehme Gefühle einen zu überwältigen drohen.

Auch gibt es Kontraindikationen für die formelle Meditation. Da man sich in ihr der äußeren Stille und den inneren Impulsen ausliefert, ist für Menschen mit psychotischen, depressiven oder traumatischen Erfahrungen Vorsicht angeraten. Nur nach psychologischer Beratung und unter fachkundiger Anleitung sollte dann Meditation betrieben werden. Und dies dann tatsächlich in begrenzten Dosen.

12) „Meditation ist nicht für alle Menschen geeignet."

Stimmt. Eine gewisse psychische Stabilität ist Voraussetzung, um beispielsweise mit Erinnerungen an traumatische Erlebnisse umgehen zu können. Die Reizarmut in der Meditation kann zu einer großen Herausforderung werden, ebenso das Ausgesetztsein dem eigenen Geist gegenüber sowie der Fokus auf Körperempfindungen.

Generell ist Meditation für Menschen mit Psychosen, Suizidgefährdungen oder akuten Traumata kontraindiziert und nur dann vertretbar, wenn sie unter Anleitung von Meditationslehrer/innen ausgeübt wird, die auch über weitreichende Erfahrungen im therapeutischen Bereich verfügen. Zur Rückfallprävention bei Depres-

sionen wurden spezielle Meditationskurse entwickelt (MBCT –
Mindfulness Based Cognitive Therapy).

13) „Achtsamkeit präpariert die Arbeitnehmer für den Turbokapitalismus. Sie ist ein Werkzeug für Selbstausbeutung und Selbstoptimierung."

Achtsamkeit nützt zunächst den sie ausübenden Menschen, hier
also den Arbeitenden. Wenn sie gesünder, zufriedener und klarer
im Geist bei der Arbeit sind, dann nützt dies auch dem Arbeitgeber. Das nennt man Win-win-Situation.

Wie sich allerdings die Entwicklung der Achtsamkeit auf die
Entscheidungen der Arbeitenden auswirkt, kann ganz verschieden
sein: Manche optimieren ihre Arbeit im Betrieb, andere erkennen
Ausbeutung und verändern ihre Verhältnisse, wiederum andere
sehen, dass ihre eigentliche Bestimmung der Ausstieg ist, und
wandern als Ökobauern nach Neuseeland aus.

Achtsamkeit selbst ist also nicht politisch oder ethisch, sondern
ein Mittel, das politisch oder ethisch eingesetzt werden kann.

14) „Mit Achtsamkeit und Meditation wird neuer Leistungsdruck erzeugt."

Es kann passieren, dass man mit unangemessenen Leistungserwartungen an eine Meditationsübung herangeht. Dann empfiehlt
sich eine Rückbesinnung auf das Wesen und das Ziel der Übung:
Loslassen! Loslassen von allen Vorstellungen und Erwartungen
und einfach nur „da" sein – mit allem, was im eigenen Geist gerade
passiert. Insofern ist Meditation eine Schulung im Überwinden des
Leistungsdrucks.

15) „Achtsamkeit schränkt die Spontaneität ein."

Nein! Achtsamkeit handelt nicht, sondern erkennt lediglich die aufkeimenden Impulse. Und bietet so die Basis für die Entscheidung darüber, ob ein Impuls ausgelebt wird oder nicht.

Natürlich kann Achtsamkeit dazu benutzt werden, um Handlungen zu kontrollieren. Sie kann aber auch dazu benutzt werden, die im tiefsten Unbewussten schlummernden Impulse überhaupt zu erkennen, um sie zum Beispiel im künstlerischen Prozess wirksam werden zu lassen. Sie ist dann der Wegbereiter für die Intuition.

Ohne Achtsamkeit ist Spontaneität ein unbewusstes, reflexartiges Agieren, mit Achtsamkeit erfolgt sie bewusst und intuitiv.

Anhang 2

Anleitung zur Achtsamkeits-Meditation

1) Vorbereitung

Bequemes Sitzen anstreben, das gleichzeitig eine aufrechte Sitzhaltung ermöglicht.

Entspannen – mit einem Seufzer, einem tiefen Ausatmen, leichtem Schütteln …

Aufrichten: sanft, von innen heraus. Vom Becken ausgehend die Wirbelsäule hoch bis zum Nacken. Als würde dich ein feiner Faden am Scheitelpunkt etwas hochziehen wollen. Eventuell mit leichter Schaukelbewegung eine Stellung des Oberkörpers finden, in der die Aufrichtung mit minimalem Kraftaufwand möglich ist. Ebenso für den Kopf.

Den Geist entspannen: Nichts muss erreicht werden, kein Zustand erlangt werden! Einfach alles so lassen, wie es ist. Nur wahrnehmen, was ist.

Beides zusammenbringen: die gelöste Entspannung und die wache Aufrichtung.

Die Augen schließen oder halb oder ganz geöffnet lassen. Wenn sie offen bleiben, dann nicht fokussieren, sondern einen diffusen Blick auf den Boden in einige Entfernung richten.

Den Vorsatz fassen, allen folgenden Erfahrungen mit Freundlichkeit und Wohlwollen zu begegnen. ☺

2) Das Meditationsobjekt

Eines der folgenden vier Meditationsobjekte a) - d) wählen:

a) Atem

Die Aufmerksamkeit sanft auf den Atem lenken: auf die Bewegung der Bauchdecke oder den Luftstrom an den Nasenöffnungen.

Jeden Atemzug einzeln wahrnehmen. Ihn dabei genauso lassen, wie er ist – nicht länger oder tiefer machen wollen.

Versuchen, die Details wahrzunehmen:

- o Kälte und Wärme an den Nasenöffnungen oder Druck und Entspannung an der Bauchdecke;

- o wie der Atem kommt und wie er wieder geht;

- o die Lücke zwischen Aus- und Einatem;

- o abwarten, bis der Einatem von selbst wieder beginnt.

Sich nicht überfordern – nur so viele Details anstreben, wie der Geist erkennen kann.

Dabei versuchen, auf eine bildliche Vorstellung des Atems zu verzichten und sich stattdessen ganz der Sinneswahrnehmung widmen.

Anstelle von falschem Ehrgeiz und angestrengtem Bemühen: ein freudiges Interesse an den Erscheinungen wachrufen!

Zuweilen mit der Vorstellung spielen: „Da ist Atem" statt „ich atme".

Vielleicht entsteht Dankbarkeit oder ein Staunen darüber, dass dieser lebenswichtige Atem von selbst geschieht.

b) Körper

Einzelne Stellen erforschen: Wo ist Wärme, wo ist Kälte spürbar, wo Feuchtigkeit und Trockenheit, Druck und Kribbeln? Den Kontakt mit dem Untergrund und der Kleidung spüren.

Bewegungen und Veränderungen in den Empfindungen genau wahrnehmen.

Dabei versuchen, auf eine bildliche Vorstellung des Körpers zu verzichten und sich stattdessen ganz der Sinneswahrnehmung widmen.

Welche Partien des Körpers drängen sich in den Vordergrund?

Den Geist dabei beobachten, wie er auf die verschiedenen Stellen „springt".

Wie fühlt sich der Körper als Ganzes an?

c) Geräusche

Sich den einzelnen Geräuschen zuwenden, ihr Entstehen und Vergehen beobachten.

Das gegenseitige Durchdringen der Geräusche erfahren.

Erleben, wie die Geräusche ohne eigenes Zutun sich ganz von allein entwickeln.

Dabei versuchen, sich von der Vorstellung der Geräuschquellen abzuwenden und stattdessen ganz der Sinneswahrnehmung zu widmen, so wie sie am Ohr entsteht.

Bei Gelegenheit damit experimentieren, die Aufmerksamkeit von den Geräuschen auf die Erfahrung des Hörens zu verlagern – „da ist Hören" anstelle von „da ist Geräusch".

d) Offenes Gewahrsein

Sich für alle Sinneswahrnehmungen öffnen: Körperempfindungen, Geräusche, Stimmungen, vorbeiziehende Gedanken.

Das Entstehen und Vergehen dieser Wahrnehmungen genau verfolgen.

Beobachten, wie der Geist sich immer wieder an die eine oder andere Wahrnehmung hängen möchte und mit interessanten Gedanken einhaken will.

Immer wieder die Erscheinungen loslassen, um ganz offen für den nächsten Moment zu sein.

Vielleicht entsteht ein Gefühl von Durchlässigkeit für die Erscheinungen.

Offen sein wie der Himmel, durch den die Wolken ziehen.

Damit experimentieren, den Geist zu beobachten, wie er sein Augenmerk ganz von allein von dem einen zum anderen Objekt richtet.

3) Zwischendurch

Wenn du bemerkst, dass du dich in Gedanken verloren hast: dieses erkennen und unbekümmert, aber entschlossen wieder zur Wahrnehmung des Atems zurückkehren. Dieses Erkennen und geduldige Zurückkehren ist DIE ÜBUNG!

Die gedanklichen Abschweifungen als natürliche Regungen des Geistes ansehen. Sie nicht als Makel bewerten und sie nicht bekämpfen wollen, sondern sie lediglich erkennen, fallenlassen und zum Meditationsobjekt zurückkehren.

Wenn der Geist sehr unruhig ist, diese Unruhe unbeeindruckt beobachten.

<u>Alle</u> Erscheinungen mit Freundlichkeit und Wohlwollen begleiten! ☺

Wenn Schmerzen oder unangenehme Körperwahrnehmungen auftauchen, gibt es zwei Möglichkeiten:

- o Sitzposition ändern! Zuerst den Schmerz bewusst wahrnehmen, dann die Entscheidung treffen und ebenso bewusst die Änderung der Sitzposition vollziehen;

- o sich der unangenehmen Erscheinung zuwenden – sie als „unangenehm" erkennen, sie vollständig akzeptieren und genau erforschen: Wie fühlt sie sich an, welche Ausdehnung hat sie, verändert sie sich?

Wenn die Schmerzen oder unangenehmen Körperempfindungen wieder nachlassen, zum Meditationsobjekt zurückkehren.

Wenn Müdigkeit auftaucht, gibt es ebenfalls zwei Möglichkeiten:

- o etwas dagegen unternehmen: Die Augen öffnen oder einen Arm ganz langsam hinauf- und hinunterbewegen oder im Stehen meditieren;

- o oder sie zulassen und beobachten: Das Auftauchen der ersten Traumfetzen erkennen, das Zusammensacken des Körpers beobachten und sofort wieder dem Atem zuwenden, sowie die Traumphase vorbei ist.

Bei Müdigkeit durch häufigen Schlafmangel ist es sinnvoll, nach Möglichkeit zuerst das Schlafdefizit nachzuholen.

4) Ende

Die gegenwärtige Stimmung erkennen, das Umfeld wahrnehmen.

Nichts ändern wollen. Alles genau so wahrnehmen, wie es ist.

Sich wertschätzen, diese Übung zur eigenen Fortentwicklung gemacht zu haben.

Auf eine Bewertung der Meditation verzichten. Leicht unterliegt man dem Missverständnis, dass eine „gute" Meditation angenehm sein muss.

Anleitung zur Gehmeditation

Die Gehmeditation stellt einen weiteren Zugang zur formellen Übung der Achtsamkeit dar. Sie ist auch deshalb besonders wichtig, weil sie eine Verbindung zu den Alltagstätigkeiten herstellt. Denn auf informelle Art kann sie jederzeit „unbemerkt" im Alltag praktiziert werden. Sie zeigt, dass Achtsamkeit nicht beschränkt ist auf besondere Momente in isolierter Umgebung.

Wenn sie allein praktiziert wird, bietet sich als „Bahn" eine gerade Strecke beispielsweise von einer Zimmerwand zur anderen an. Dort angekommen, verweilt man für ein paar Atemzüge im achtsamen Stehen. Dann dreht man sich um und geht die gleiche Strecke zurück.

Es ist naheliegend, den Fokus auf die Füße zu richten: Das Aufsetzen des Fußes, den Kontakt der Fußsohle mit dem Boden, das Abheben des Fußes usw. Diese Vorgänge immer wieder ganz genau erleben. Tief in sie eindringen, als würde die Bewusstheit in den Fußsohlen stecken.

Du kannst den Fokus auch auf Beine und Becken richten. Oder den Aufmerksamkeitshorizont öffnen und die Bewegung des Körpers als Ganzes wahrnehmen. Auch der Atem kann in das Gewahrsein einbezogen werden. Gibt es einen Zusammenhang zwischen dem Atem und dem Rhythmus des Gehens?

Da beim Gehen die Augen geöffnet sind, bietet sich auch das Gesichtsfeld als Meditationsobjekt an. Dabei die visuellen Eindrücke vorbeiziehen lassen, ohne ein Objekt zu fixieren und sich in Gedanken zu den Objekten zu verlieren.

In diese Übung eingeschlossen ist auch die Phase am Ende der Strecke, wenn die Gehrichtung umgekehrt wird. Sie verdient dieselbe Achtsamkeit wie zuvor das Gehen.

Die Art des Gehens ist weniger wichtig. Du kannst schlendern oder schreiten oder schleichen. Manchmal kann es angebracht sein, ein schnelles Tempo zu wählen, zu anderen Zeiten bietet sich sehr langsames Gehen an. Interessant ist hierbei, dass sich mit dem Tempo auch die Art der Wahrnehmung ändern kann. Je langsamer das Gehen, desto mehr Details können erkannt werden.

Du musst keine spezielle Haltung einnehmen. Das Gehen sollte völlig natürlich und entspannt sein. Dazu eine sanfte, würdevolle Aufrichtung anstreben, die von innen kommt. Du kannst die Hände hinter dem Rücken zusammenführen oder wie japanische Zen-Mönche vor dem Bauch halten. Oder die Arme einfach hängen lassen. Wichtig ist es zu vermeiden, dass durch zu viel Haltungskontrolle die Entspannung verloren geht.

Dieses Gehen ist ohne Ziel. Es ist ein Gehen ohne Ankommen. Gehen als Selbstzweck.

Vielleicht entsteht ein Gefühl von Dankbarkeit, dass die Beine diese wunderbare Tätigkeit für uns vollziehen. Dankbarkeit, dass der Boden uns trägt. Ein Staunen über einen hochkomplizierten Bewegungsablauf, den unser Körper meist mühelos bewerkstelligt.

Gehmeditation soll Freude bereiten. Der vietnamesische Zen-Mönch Thich Nath Hanh, der viele Texte zur Gehmeditation geschrieben hat, drückte es einmal so aus:

Wenn du dich beim Gehen glücklich,
friedlich und froh fühlst, übst du richtig.

Anleitung zur Metta-Meditation

1) Vorbereitung

Bequemes Sitzen anstreben, das gleichzeitig eine aufrechte Sitzhaltung ermöglicht.

Den Körper entspannen – mit einem Seufzer, einem tiefen Ausatmen, leichtem Schütteln …

Den Geist entspannen: Nichts muss erreicht werden, kein Zustand erlangt werden! Einfach alles so lassen, wie es ist. Nur wahrnehmen, was ist.

Beides zusammenbringen: die gelöste Entspannung und die wache Aufrichtung!

Die Augen schließen.

2) Metta für sich selbst

Die Vorstellung entwickeln, dass ein wärmender Mantel um dich gelegt wird, der dir Geborgenheit und Schutz gibt.

Körperlich spüren, wie es sich anfühlt, geborgen und geschützt zu sein.

Mit der Vorstellung spielen, dass dies ein Mantel des Wohlwollens ist, der Wärme und Sicherheit spendet. Und der vermittelt, dass alles gut so ist, wie es ist; dass du unter seinem Schutz so sein darfst, wie du bist; dem du dich bedingungslos anvertrauen kannst.

Vielleicht wird dir der Mantel von einer liebenden Person umgelegt, die dir wohlgesonnen ist, deren unbedingte Zuneigung du verspürst, die das Gute und Wertvolle in Dir sieht.

Lass die Vorstellung in dir entstehen, dass mit dem Umlegen des Mantels die folgenden Wünsche an dich gerichtet werden:

Möge es dir wohlergehen,
mögest du in Frieden leben,
mögest du glücklich sein.

Lass dich berühren von diesen Wünschen nach Wohlergehen, lass dich durchdringen von den Wünschen nach Frieden und Glück.

Immer wieder das Geborgensein in dieser Hülle des Wohlwollens körperlich spüren.

Lass nach einer Weile den Mantel ganz zu dir gehören, bis er langsam eins wird mit dir– vielleicht mit der Vorstellung, dass du dich selbst mit diesem Mantel umhüllst.

Übernimm die Wünsche des Mantels und beziehe sie auf dich selbst:

Möge es mir wohlergehen,
möge ich in Frieden leben,
möge ich glücklich sein.

Dich ganz öffnen für diese Worte, ihnen lauschen und sie tief eindringen lassen.

Dein Herz ganz weit öffnen für dich selbst.

Beende diese Phase der Meditation und wende deine Aufmerksamkeit vorübergehend dem Atem zu.

3) Metta für die Person „Wohltäter" oder „Wohltäterin"

Lasse nun das Bild einer Person vor deinem geistigen Auge entstehen, die dir Gutes getan hat, die dich gefördert hat und mit der du keine Schwierigkeiten verbindest – ein Lehrer oder eine Lehrerin, Großeltern, Nachbarn etc. Es ist nicht wichtig, ob die Person noch lebt.

Stelle dir die Person vor, so gut es geht. Versuche ihre Gegenwart zu spüren.

Dabei kann helfen, sie sich in ihrer Kleidung, in einer typischen Körperhaltung, in einer typischen Umgebung oder sprachlichem Ausdruck auszumalen.

Spiele mit der Vorstellung, dein Herz für diese Person zu öffnen, Wärme für sie in deinem Inneren wachsen zu lassen.

Vielleicht drückt sich deine Zuneigung zu dieser Person in deinem Blick aus, in den weichen und freundlichen Augen. Vielleicht entwickelt sich Wärme im Brustkorb.

Spüre, wie das Wohlwollen für diesen Menschen aus deinem Herzen strömt und sich wie ein schützender Mantel um ihn legt.

Sage dann innerlich die folgenden Worte immer wieder:

Möge es dir wohlergehen,
mögest du in Frieden leben,
mögest du glücklich sein.

Lass die Person sich von deinen Worten umhüllen wie von einem Mantel der Geborgenheit und des Wohlwollens. Lass sie berührt werden von der Wärme, die von deinem Herzen ausgeht.

Überprüfe, ob du zu sehr einen Zustand erzeugen oder erzwingen willst. Dann nimm etwas Abstand, versuche zu entspannen und höre einfach nur auf den Klang der Worte, lass sie wirken, ohne etwas machen zu wollen.

4) Metta für einen Freund oder eine Freundin

Wiederhole die obigen Schritte für eine Person, die dir viel bedeutet im Leben und zu der du ein nahes Verhältnis hast. Es ist möglich, dass du auch ambivalente Gefühle zu ihr hast.

Sollten starke und irritierende Emotionen dich überfallen, so kehre zum Atem zurück oder zu der Wohltäter-Person.

5) Metta für eine „neutrale Person"

Wiederhole die obigen Schritte für eine Person, zu der du keine ausdrücklich positiven oder negativen Empfindungen hast, eine für dich im besten Sinne neutrale Person. Dies kann zum Beispiel ein Verkäufer oder eine Postbotin sein, die du nur ab und zu siehst und von der du wenig weißt.

6) Metta für eine „schwierige Person"

Wiederhole die obigen Schritte für eine Person, mit der du Konflikte hast, die in dir schwierige Emotionen auslöst.

Diese Übung solltest du nur machen, wenn du die vorigen Etappen mehrfach absolviert hast und dich stark genug für diese Übung fühlst.

Sowie du den Eindruck hast, dass du überwältigst wirst, breche diese Stufe der Übung ab und kehre zum Atem oder deinem Hauptanker zurück, oder begrenze die Übung auf die vorigen Personen.

7) Metta für viele Lebewesen

Du kannst die Übung ausdehnen auf alle Menschen und Lebewesen in deiner Wohnung oder deinem Haus, in deinem Land oder auf der ganzen Erde. Du kannst deine Wünsche auch in eine Richtung schicken wie etwa zu allen Lebewesen, die vor oder hinter dir sind.

Ebenso kannst du die Übung auf alle Lebewesen beziehen, denen du demnächst begegnen wirst. Und schließlich kannst du dich selbst in die Wünsche einbeziehen.

Alle Lebewesen streben nach Glück. Möge es uns allen wohlergehen.

Anleitung zum Atemraum

Mit „Atemraum" wird eine dreiminütige Phase der inneren Sammlung bezeichnet.

Lasse für drei Minuten deine gegenwärtige Tätigkeit ruhen.

Erlaube dir, für diese Zeit alle Gedanken an Zukunft und Vergangenheit fallen zu lassen und einfach nur wachsam da zu sein – entspannt, offen und wohlwollend.

1. Minute: Wahrnehmung des Körpers

Spüre deinen Körper:

o nimm seine Position wahr, z. B. sitzend, stehend, liegend;

o richte die Aufmerksamkeit auf einzelne Sinneswahrnehmungen, z. B. Wärme oder Kälte, Druck an den Kontaktflächen, Kribbeln, Schwere, den Kontakt mit Kleidung;

o nimm alles wohlwollend wahr!

2. Minute: Wahrnehmung des Atems

Den Fokus auf den Atem richten:

o am Bauch oder an der Nase;

o die Bewegung der Bauchdecke bzw. den Luftstrom an den Nasenöffnungen genau wahrnehmen;

o sich ganz auf den Atem einlassen, ohne etwas an ihm ändern zu wollen.

3. Minute: Öffnen für alle Erfahrungen

Sich öffnen für alle Erfahrungen dieses Moments:

o   den Atem als Teil der ganzen Körperwahrnehmung;

o   das Sitzen/Stehen/Liegen spüren;

o   Geräusche wahrnehmen;

o   die gegenwärtige Stimmung wahrnehmen;

o   das Kommen und Gehen der Erscheinungen erkennen.

Ganz offen und entspannt, wachsam von einem Moment zum nächsten.

Die Anwendung des Atemraums eignet sich besonders gut in bestimmten Momenten des Alltagsgeschehens: beim Hochfahren des Computers, beim Warten auf die Kaffeemaschine, vor oder nach dem Essen.

Am besten entscheidet man sich am Abend zuvor oder am Morgen, zu welchen Anlässen man den Atemraum praktizieren will. Je entschlossener diese Entscheidung fällt, desto größer ist die Chance auf Realisierung. Als Erinnerungsstütze kann man Zettel mit dem Hinweis „Atemraum" oder „3 Minuten! " in der Wohnung verteilen oder im Portemonnaie verstecken.

Wiederholt man auf diese Weise diese Praxis zum selben Anlass, wird diese Übung nach einiger Zeit zu einer lieb gewordenen Routine.

Danksagung

Ich danke Helen Bauerfeind für die sorgfältige Überarbeitung des Manuskripts, David Beecroft für die freundliche Überlassung des Titelfotos. Mein Dank gilt Dr. Claudia Haarbeck für den fruchtbaren Austausch über Theorie und Anwendung der Achtsamkeit sowie Renate Kommert für ihre wichtigen Hinweise zur Praxis der MBSR-Kurse.

Dr. Shamsey Oloko war mir in vielen erkenntnisreichen Gesprächen sowohl unbestechlicher Kritiker als auch Förderer bei der Entstehung der Texte. Die wertvollen Begegnungen mit Renate Seifarth vertieften meine Kenntnisse der buddhistischen Lehre und ihrer Anwendungen im säkularen Kontext.

Die Teilnehmerinnen und Teilnehmer meiner Kurse bereicherten meine Sichtweisen mit kritischen und manchmal unerwarteten Fragen und inspirierten mich mit ihrer neugierigen Offenheit. Großen Dank möchte ich meinen Meditationslehrerinnen und -lehrern aussprechen, die mir den Weg der Achtsamkeit gewiesen haben und deren unschätzbares Vorbild mich auf diesem Weg leitet, allen voran Joseph Goldstein.

Und ich danke dem Leben, das mich immer wieder herausfordert, die Übung nicht nur auf dem Sitzkissen zu belassen, sondern sie dort anzuwenden, wo sie ihre eigentliche Bestimmung hat: in den Wirren und Unsicherheiten des Alltags.

Anregungen zum Weiterlesen

Philosophie, Wissenschaft

Erich Fromm (Hrsg.): *Zen-Buddhismus und Psychoanalyse*. Suhrkamp 1971

Thomas Metzinger: *Der Ego-Tunnel – Eine neue Philosophie des Selbst: Von der Hirnforschung zur Bewusstseinsethik*. Berlin 2010
– über Bewusstsein und das Wesen der Ich-Vorstellung aus der Sicht eines Philosophen

Ulrich Ott: *Meditation für Skeptiker – Ein Neurowissenschaftler erklärt den Weg zum Selbst*. München 2010
– aus dem Blickwinkel eines Wissenschaftlers geschrieben, mit vielen Forschungsergebnissen zu Meditation

Buddhismus

Guy Armstrong: *Emptiness – a practical guide for meditators*. Wisdom Publications 2017
– ein sehr tiefgehendes Buch über die buddhistische Vorstellung von Leere und Nicht-Selbst, sowohl mit praktischen Meditationsanleitungen als auch mit theoretischen Hintergründen aus den buddhistischen Sutren

Stephen Batchelor: *Buddhismus für Ungläubige*. Frankfurt a. M. 1998
– von einem führenden Vertreter eines säkularen Buddhismus geschrieben

Karlfried Dürckheim: *Ton der Stille*. Aachen 1997
– kleiner Band mit kurzen Texten zur gegenstandslosen Meditation und schönen Bildern in der Sprache des Zen

Joseph Goldstein: *Vipassana Meditation – Die Praxis der Freiheit*. Freiamt 1999
– anschauliche Einführung in die Meditation im Achtsamkeits-Kontext

Joseph Goldstein: *One Dharma – The Emerging Western Buddhism*. Harper 2002
– prägnante Darstellung des Kerns des buddhistischen Weges mit dem Versuch, verschiedene Traditionen zu vereinen

Thich Nhat Hanh: *Das Sutra des bewussten Atmens*. Zürich: Theseus 1988

Thich Nhat Hanh: *Umarme deine Wut. Sutra der vier Verankerungen der Achtsamkeit*. Zürich: Theseus 1990

Eugen Herrigel: *Zen in der Kunst des Bogenschießens*. München 1984
– ein Klassiker; Der Autor berichtet über seinen Weg der Erkundung des japanischen Zen.

Ayya Khema: *Being Nobody, Going Nowhere – Meditations on the Buddhist Path*. Wisdom 1987
– anschauliche und praxisorientierte Einführung

Jack Kornfield: *Das weise Herz – Die universellen Prinzipien buddhistischer Psychologie*. München 2008
– umfangreiches Werk mit vielen persönlichen Berichten

Vimalo Kulbarz: *Eine Handvoll Blätter*. Roseburg 1995
– informative Sammlung mit kurzen Texten aus verschiedenen buddhistischen Traditionen

Sharon Salzberg: *Metta Meditation – Buddhas revolutionärer Weg zum Glück*. Arbor 1996

Sharon Salzberg (Hrsg.): *Die Flügel der Freiheit.* Arbor 2002
– Sammlung verschiedener Themen des Buddhismus, von westlichen Autoren geschrieben

Sayadaw U Tejaniya: *Wie Gewahrsein selbstverständlich wird – Achtsamkeit im täglichen Leben entwickeln.* Arbor 2019
– Der burmesische Mönch vermittelt Achtsamkeit auf unkonventionelle Weise.

religionsübergreifend:

Ramana Maharshi: *Sei, was du bist!* (hrsg. von David Godman). München 1985
– Interviews, in denen die wesentliche Anweisung darin bestand, der Frage „Wer bin ich?" nachzugehen

Karin Stegemann: *Warum aber werden wir nicht weise – Erleuchtungsspuren aus Ost und West.* Wien 1990
– eine Sammlung von Zitaten aus verschiedenen religiösen Traditionen

Achtsamkeit und Meditation im säkularen Kontext

Imogen Dalmann, Martin Soder: *Heilkunst Yoga – Yogatherapie heute.* Berlin 2013
– Die Qualitäten und Grenzen des Yoga werden plastisch geschildert; mit Übungen und einem Kapitel zu Meditation.

Britta Hölzel, Christine Brähler (Hrsg): *Achtsamkeit mitten im Leben.* München 2015
– Anthologie zu Achtsamkeit in allen Facetten des Alltags – mit Kindern, im Beruf, Selbstmitgefühl, historische Wurzeln, Ethik, Schmerz, MBSR …

Jon Kabat-Zinn: *Im Alltag Ruhe finden – Meditationen für ein gelassenes Leben*. Knaur 2010
– vom Vater des MBSR-Programms zur Stressreduktion geschrieben

Gert Kaluza: *Gelassen und sicher im Stress*. Berlin 1991
– ein Klassiker unter den Stress-Büchern; sehr systematische und klare Darstellung zu Entstehung, Bedingungen und Auswirkungen von Stress

Ulrich Schnabel: *Muße – vom Glück des Nichtstuns*. München 2010
– sorgfältig recherchiertes Buch eines Zen-praktizierenden Journalisten, informativ und einfühlend

Kenny Werner: *Effortless Mastery – Liberating the Master Musician Within*. Jamey Aebersold Jazz, Inc. 1996
– über das Erlernen der Intuition; von einem Jazzpianisten über die Kunst, beseelte Musik zu spielen

und ...

Janosch: *Von dem Glück, Hrdlak gekannt zu haben*. München: Goldmann 1994
– bezaubernde Erzählung über das Leben, Gott und einen besonderen Menschen, der vielleicht ein Meditierender war

Sach- und Personenregister

Claude Mannewitz,

Diplom-Physiker und Achtsamkeitslehrer (MBSR), befasst sich seit 30 Jahren mit buddhistischer Meditation und Achtsamkeit. Sein Weg führte ihn zur japanischen Zen-Tradition, zum tibetisch orientierten Vajrayana und zum Theravāda-Buddhismus. Auf zahlreichen Meditations-Retreats, unter anderem in Zentren und Klöstern in Nepal, Thailand und den USA, vertiefte er seine Praxis. Sein Schwerpunkt liegt auf einem rationalen Verständnis der Achtsamkeit, das mit den Erkenntnissen der Wissenschaft in Einklang steht.

Renate Seifarth,

Diplom-Biologin, Dharma-Lehrerin in der Vipassana-Tradition, ist seit über 30 Jahren in der buddhistischen Praxis verankert und leitet seit 20 Jahren zahlreiche Meditations-Retreats im In- und Ausland. Sie ist Übersetzerin buddhistischer Texte aus dem Englischen, Herausgeberin („Meditationstexte des Pâli-Buddhismus II", 2007) sowie Autorin von „Buddha at Home" (2014) und „Heile das Kind in dir" (2018).

Zeitfracht Medien GmbH
Ferdinand-Jühlke-Straße 7
99095 Erfurt, Deutschland
produktsicherheit@kolibri360.de